감수 · 지제근(서울대학교 의과대학 명예 교수)

미국 하버드의과대학 전임 강사 및 동병원 전임의를 거쳐 서울대학교 의과대학 의사학 주임교수, 서울대 의학도서관장으로 재직했습니다. 《지제근 의학용어사전》 등 10여 권의 저서와 수백 편의 논문을 썼으며, 현재 서울대 명예 교수, 인제대 석좌교수, 대한의사협회 의료정책연구소장, 대한민국의학한림원 부원장으로 있습니다.

지음 · 정재은

출판 편집과 방송 작가 등 여러 직업을 통해 얻은 경험을 바탕으로 어린이 작가로 활동 중입니다. 그동안 지은 책으로는 《세상에서 가장 재밌는 세계 명작 동화》《세상에서 가장 행복한 예쁜 공주 이야기》《우리 아이 과학 영재로 키우는 호기심백과》〈스토리텔링 수학〉 시리즈의 《캠핑 수학》《게임 수학》《불가사의 수학》《스파이 수학》《바이킹 수학》《로봇 수학》 등이 있습니다.

그림 · 박기종

단국대학교 동양화과, 홍익대학교 동양화과 대학원을 졸업했습니다. 전국대학미전, 충청남도 미술대전, 산수화공모전에서 입상했으며, 그동안 펴낸 책으로 《정리형 아이》《선생님이 정말정말 사랑하는 아이》《한자로 다시 읽는 아라비안나이트》 등이 있습니다.

2025년 1월 20일 개정판 10쇄 펴냄

지음 · 정재은
그림 · 박기종
감수 · 지제근(서울대학교 의과대학 명예 교수)

펴낸이 · 이성호
펴낸곳 · (주)글송이

편집/디자인 · 임주용, 최영미, 이여주, 오영인, 이강숙
마케팅 · 이성갑, 윤정명, 이현정, 문현곤, 이동준
경영지원 · 최진수, 이인석, 진승현

출판 등록 · 2012년 8월 8일 제2012-000169호
주소 · 서울시 서초구 능안말1길 1 (내곡동)
전화 · 578-1560~1 **팩스** · 578-1562
이메일 · gsibook01@naver.com

ⓒ글송이, 2015

ISBN 979-11-7018-212-2 74400
　　　979-11-86472-78-1 (세트)

7~10세

우리 아이 궁금증을 풀어 주는
신비한
인체백과

정재은 지음, **박기종** 그림
지제근(서울대학교 의과대학 명예 교수) 감수

글송이

감수의 글

자라나는 아이들은 자기 주위에서 일어나는 혹은 자신에게
일어나는 여러 가지 일에 대해 궁금한 것이 많습니다. 그래서
부모님께도 묻고 선생님께도 물어봅니다. 수많은 궁금증 중에서도
단연 으뜸은 바로 우리 몸에 관한 것입니다. 그런데 인체에 대한
모든 궁금증에 정확히 답해 주기는 쉽지 않습니다.

그런 의미에서 《우리 아이 궁금증을 풀어 주는 신비한 인체백과》는
우리 몸에 관한 어린이들의 궁금증에 답해 주는 좋은 안내자가 될
것입니다. 아이들이 이 책을 통해 우리 몸의 현상을 올바르게 이해하고
신비로운 우리 몸을 아끼고 소중히 여기기를 바랍니다.
그리고 더 나아가 보다 자세히 알려는 과학 탐구 정신을 키워 나가기를
기대합니다.

서울대학교 의과대학 명예 교수 **지제근**

머리말

아이들은 날마다 새로운 세계로 여행을 떠납니다.
평범한 꽃과 나무, 길바닥에 떨어진 병뚜껑, 과자 부스러기를
지고 가는 개미들……. 이 모두가 아이들에게는 신기하고 처음 보는
세상이랍니다. 처음 만나는 세상이 신기한 아이들은 "왜요?",
"왜 그런데요?" 하고 자연히 질문도 많아지지요.

아이들은 "왜요?"에서 새로운 세상으로 난 길을 찾습니다.
그중 가장 많은 "왜요?"를 낳는 세상은 바로 아이 자신의 몸이지요.
웃고, 하품하고, 움직이는 것들은 너무 당연해서 어른들에겐
질문거리조차 되지 않아요. 하지만 아이들은 우리 몸에 대한
궁금증에서 시작하여 호기심을 점점 넓혀간답니다.
아이들의 호기심 출발선, 우리 몸에 대한 질문에 함께 답해 볼까요?

지은이 정재은, 박기종

차례

1. 간질간질 우리 몸의 감각 · 17

사람은 왜 눈을 깜빡여요? · 18

눈은 왜 두 개예요? · 20

눈물은 왜 나요? · 22

눈물은 왜 짠가요? · 24

눈으로 어떻게 볼 수 있어요? · 26

갑자기 불을 켜면 왜 눈이 부셔요? · 28

비누 거품이 눈에 들어가면 왜 눈물이 나요? · 30

양파를 썰면 왜 눈물이 나올까요? · 32

눈곱은 왜 끼나요? · 34

눈썹은 왜 있을까요? · 36

울면 왜 콧물도 나와요? · 38

코는 어떻게 냄새를 맡나요? · 40

코를 풀면 왜 귀가 먹먹해져요? · 42

코털은 왜 있는 거예요? · 44

코딱지는 왜 생겨요? · 46

맛은 어떻게 느끼나요? · 48

더우면 왜 목이 말라요? · 50

맛있는 냄새를 맡으면 왜 침이 고여요? · 52

목소리는 어떻게 나올까요? · 54

추울 때는 왜 하얀 입김이 나와요? · 56

귀는 어떻게 소리를 듣나요? · 58

귀지는 왜 생겨요? · 60

차를 타면 왜 멀미가 날까요? · 62

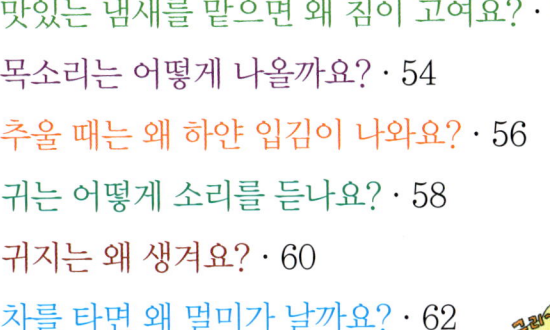

2. 꼬르륵 우리 몸의 소화 · 65

우리가 먹은 음식은 어떻게 되지요? · 66

배가 고프면 왜 꼬르륵 소리가 나요? · 68

음식은 왜 골고루 먹어야 해요? · 70

아이스크림을 많이 먹으면 왜 배가 아파요? · 72

트림은 왜 나와요? · 74

토하면 뭐가 나오는 거예요? · 76

오줌은 왜 나올까요? · 78

오줌을 누면 왜 몸이 부르르 떨려요? · 80

방귀는 왜 구린 냄새가 나요? · 82

밥을 먹으면 왜 똥이 마려울까요? · 84

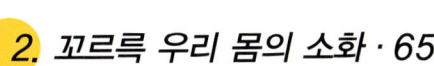

차례

똥은 왜 똥색이에요? · 86
설사는 왜 할까요? · 88
딸꾹질은 왜 날까요? · 90

3. 빙그르르 우리 몸의 호흡과 신경순환 · 93

사람은 왜 숨을 쉴까요? · 94
재채기는 왜 나와요? · 96
숨은 꼭 코로 쉬어야 해요? · 98
하품은 왜 할까요? · 100
하품을 하면 왜 눈물이 나요? · 102
감기는 왜 겨울에 잘 걸리나요? · 104
감기에 걸리면 왜 열이 날까요? · 106
아프다는 것을 어떻게 느껴요? · 108
피는 왜 빨개요? · 110
피는 무슨 일을 해요? · 112
사람의 몸은 왜 따뜻해요? · 114
머리를 찧으면 왜 혹이 생겨요? · 116
다치면 왜 멍이 들어요? · 118

상처가 나면 왜 딱지가 생겨요? · 120
가슴에 손을 대면 왜 쿵쿵 소리가 나요? · 122
생각은 어디에서 하나요? · 124
잠은 왜 자야 해요? · 126
자면서 왜 꿈을 꾸나요? · 128
왜 팔을 흔들며 걷나요? · 130
머리카락은 왜 잘라도 안 아파요? · 132

4. 매끈매끈 우리 몸의 피부·근육·뼈 · 135

사람의 머리카락은 모두 몇 개예요? · 136
할머니는 머리가 왜 하얘요? · 138
고수머리는 왜 생기나요? · 140
대머리는 왜 생겨요? · 142
왜 남자만 수염이 나요? · 144
늙으면 왜 주름이 생겨요? · 146
추울 때는 왜 덜덜 떨려요? · 148
부끄러우면 왜 얼굴이 빨개져요? · 150
더우면 왜 땀이 날까요? · 152

차례

지문은 왜 있어요? · 154
손톱과 발톱은 왜 있어요? · 156
손톱은 왜 잘라도 계속 자라나요? · 158
외국 사람은 왜 피부 색깔이 달라요? · 160
햇빛을 오래 쬐면 피부가 왜 까매져요? · 162
목욕을 하면 왜 손이 쪼글쪼글해져요? · 164
아토피는 왜 생기나요? · 166

간지럼은 왜 탈까요? · 168
모기한테 물리면 왜 가려워요? · 170
우리 몸에는 뼈가 몇 개나 있어요? · 172
팔꿈치와 무릎은 왜 볼록해요? · 174
이는 왜 빠지나요? · 176
사탕을 많이 먹으면 왜 이가 썩어요? · 178

5. 알쏭달쏭 우리 몸의 이모저모 · 181

아빠는 자면서 왜 코를 골아요? · 182
발 냄새는 왜 날까요? · 184
부채를 부치면 왜 시원해요? · 186

미끄럼을 많이 타면 왜 엉덩이가 뜨거워지죠? · 188
꿀밤을 맞으면 머리가 나빠지나요? · 190
사람이 어떻게 물에 떠요? · 192
원숭이가 사람의 조상이에요? · 194
사람은 왜 두 발로 걸어요? · 196
남자랑 여자는 어떻게 달라요? · 198
나는 왜 엄마, 아빠를 닮았어요? · 200
예방 주사를 꼭 맞아야 해요? · 202
왜 손을 자주 씻어야 해요? · 204
약은 왜 먹어야 해요? · 206
아기는 어떻게 태어나요? · 208
쌍둥이는 왜 똑같이 생겼어요? · 210
배꼽은 왜 있는 걸까요? · 212

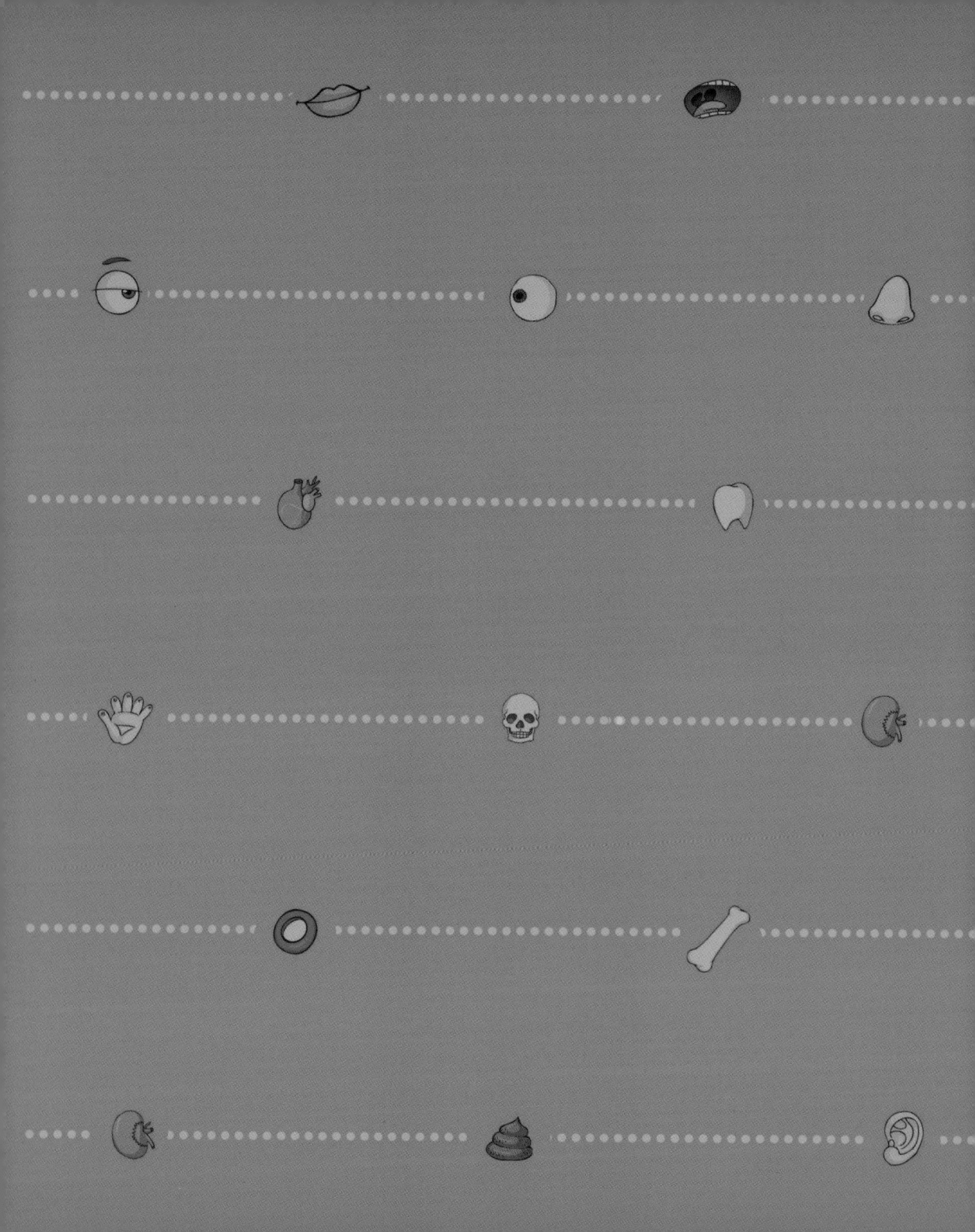

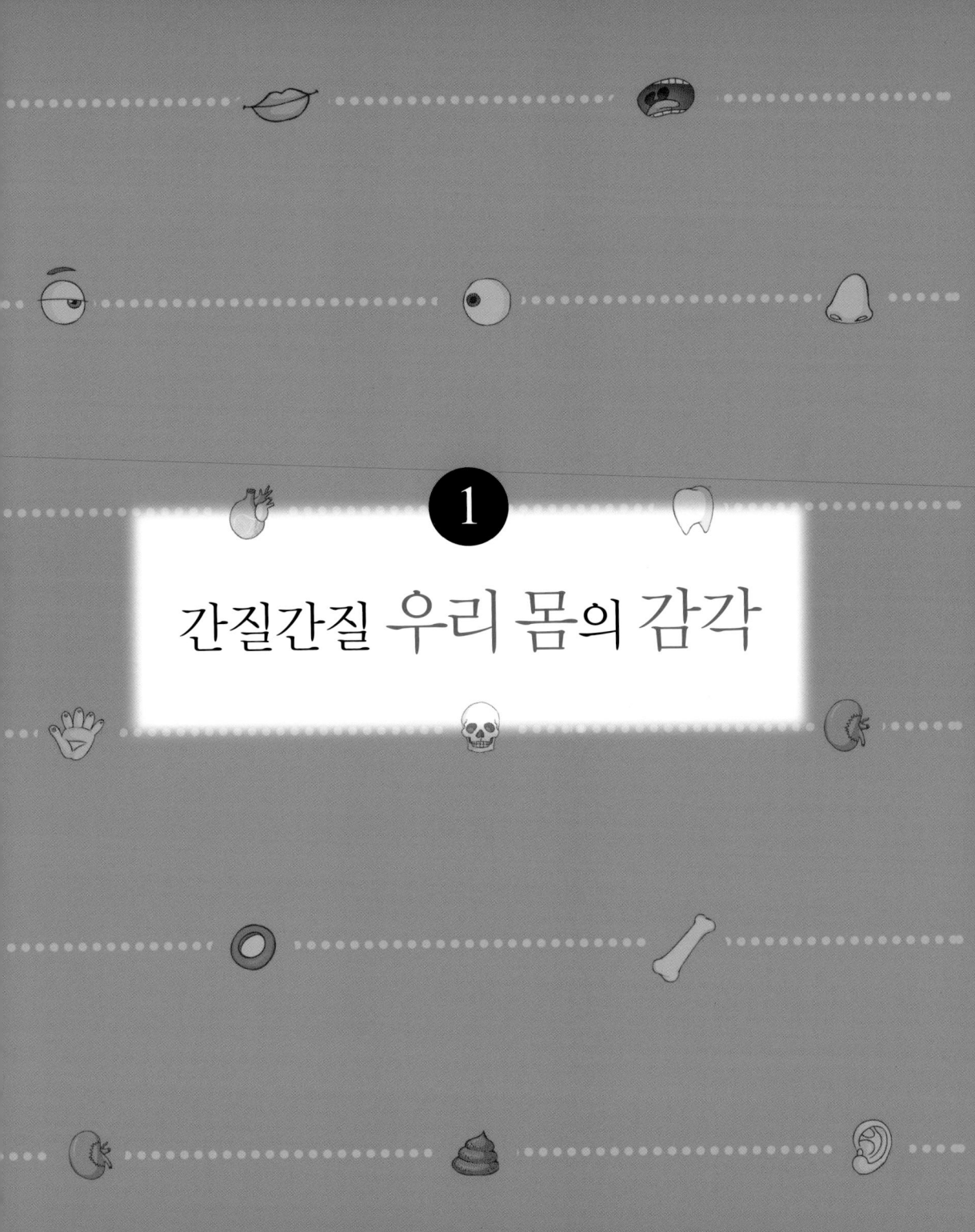

1
간질간질 우리 몸의 감각

사람은 왜 눈을 깜빡여요?

우리 눈은 늘 촉촉해요.
눈물이 하루 종일 나와서 눈을 적셔 주거든요.
우리가 눈을 깜빡일 때마다 **눈물샘**에서
눈물이 나와요.
하지만 아주아주 조금씩 나와서
울 때처럼 주르르 흐르진 않지요.
눈을 깜빡일 때마다 나온 **눈물**은
눈알의 앞쪽 전체로 퍼져 눈을 적셔 주고,
눈에 들어간 먼지랑 세균을 씻어 주어요.

만약, 눈물이 나오지 않으면
뻑뻑하고 아파서 눈을
잘 뜰 수도, 앞을 잘 볼 수도
없을 거예요.

눈은 워낙
빨리 깜박여서
앞을 보는 걸
방해하지 않아!

눈은 왜 두 개예요?

우리는 한쪽 눈만 있어도 볼 수 있어요.
어떻게 생겼는지, 어떤 색깔인지 다 알 수 있지요.
하지만 눈이 하나뿐이면
공을 찰 때 헛발질을 하기 쉽고,
계단을 내려갈 때도 발을 헛디디기 쉬워요.

한쪽 눈을 가리면 물체가 가까이 있는지 멀리 있는지 알 수 없어요.

한쪽 눈으로 보면, 멀리 있는지 가까이 있는지
볼록 튀어 나왔는지 쏙 들어갔는지 알기 어렵지요.
우리 눈은 물체의 모양과 색깔뿐 아니라
올록볼록한 것까지 잘 보기 위해서 **두 개**랍니다.

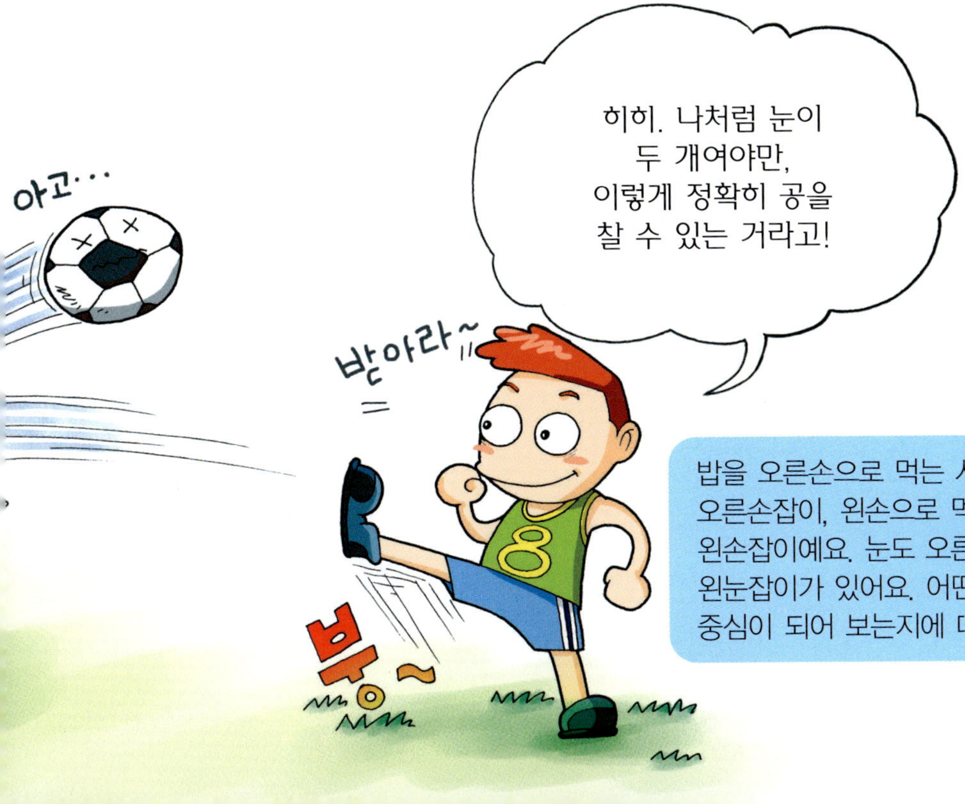

히히. 나처럼 눈이 두 개여야만, 이렇게 정확히 공을 찰 수 있는 거라고!

> **Tip**
> 밥을 오른손으로 먹는 사람은 오른손잡이, 왼손으로 먹는 사람은 왼손잡이예요. 눈도 오른눈잡이와 왼눈잡이가 있어요. 어떤 눈이 중심이 되어 보는지에 따라 달라져요.

감각

눈꺼풀은 1초에 서너 번씩 깜빡이며 눈물을 눈 전체에 퍼뜨려 줘요.

눈물은 왜 나요?

우리의 뇌는 자기 기분을 보여 주고 싶어 해요.
그래서 슬픈 기분을 느끼면
눈꺼풀 위에 있는 눈물샘으로 신호를 보내요.
"나, 너무 슬퍼. 어서 눈물을 만들어 줘."
그러면 눈물샘이 눈물을 많이많이 만들어요.
이 눈물이 뚝뚝, 뺨으로 흐르는 거예요.
가끔은 무척 기쁠 때도 눈물이 나요.
이때도 뇌가 기쁜 기분을 눈물로 표현하고 싶어서
눈물샘한테 신호를 준 것이랍니다.
"기쁨의 눈물을 흘려 줘."
그러면 우리 눈에 살짝 눈물이 맺히는 거예요.

눈물샘, 어서 눈물을 내보내!

눈물은 왜 짠가요?

눈물 속에는 소금이 들어 있어서 맛이 짜답니다.
눈물은 그냥 물이 아니에요.
눈을 보호하기 위한 '약'물이에요.
그래서 눈물 속에는 세균을 죽이는 소금이 아주 조금 들어 있어요.
그런데 눈물 속에 든 소금의 양은 만날만날 달라져요.

눈에 티가 들어갔을 때는 아주아주 조금 들어 있고, 슬퍼서 울 때는 그보다 더 많이 들어 있어요. 화가 나서 눈물이 날 때는 소금이 더 많이 들어 있어서 눈물이 더욱 짜요.

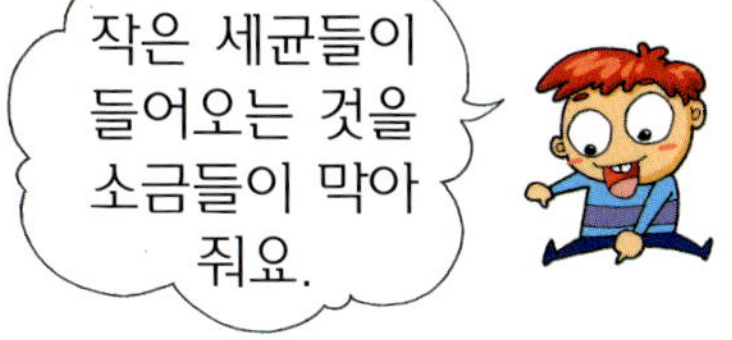

작은 세균들이 들어오는 것을 소금들이 막아 줘요.

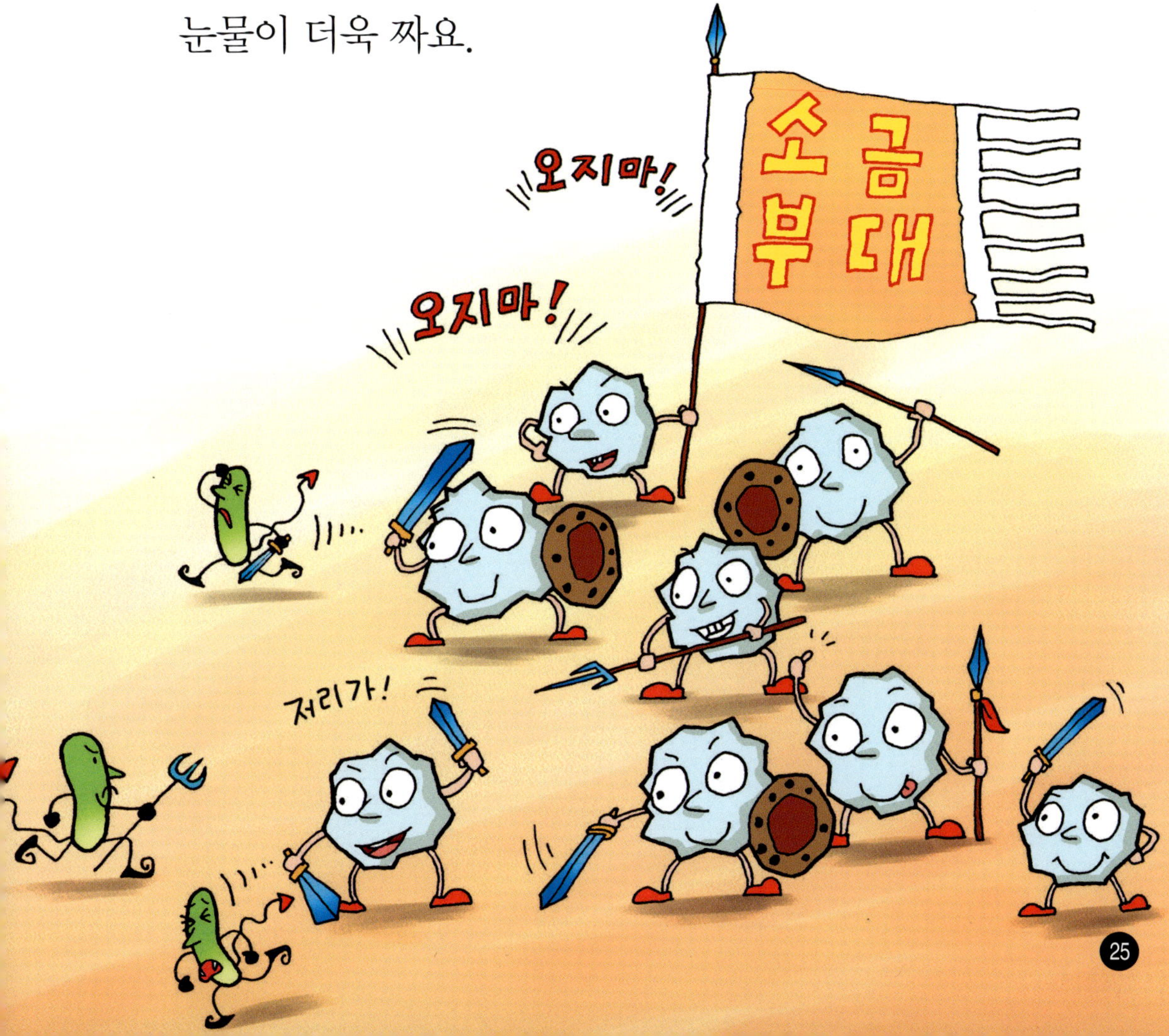

눈으로 어떻게 볼 수 있어요?

우리 눈은 **사진기** 같아요.
사진을 찰칵 찍듯 눈으로 물체를 찍어 보는 것이죠.
그런데 사진을 찍을 때 밝은 데서 찍어야 예쁘게 나오죠?
컴컴한 곳에서 찍으면 사진이 시커멓게 나와서
무엇을 찍었는지 알 수 없지요.

우리 눈도 밝은 곳에서 잘 보여요.
물체를 비춘 빛이 우리 눈에 들어와
눈 안의 하얀 종이에 그림을 그려 주거든요.
그러면 눈에 이어진 신경이
뇌한테 달려가 어떤 그림인지 알려 주는 거예요.

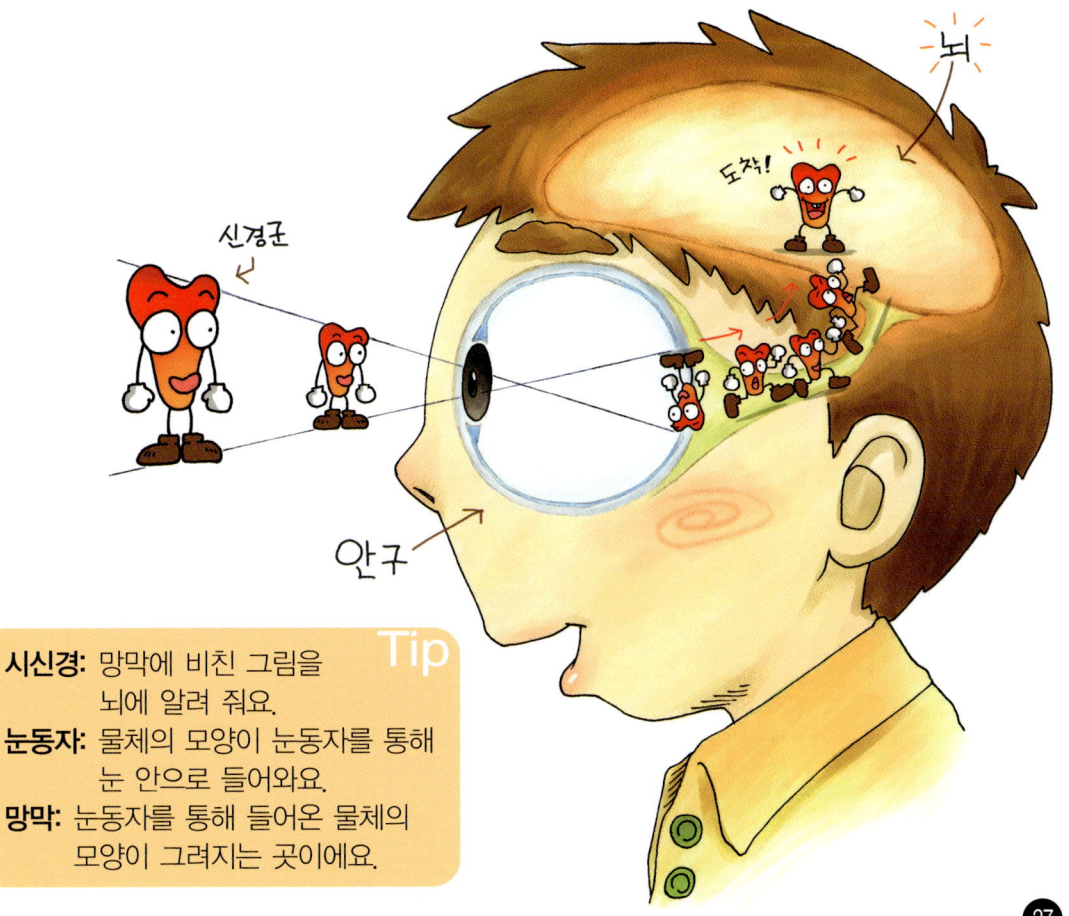

Tip
시신경: 망막에 비친 그림을 뇌에 알려 줘요.
눈동자: 물체의 모양이 눈동자를 통해 눈 안으로 들어와요.
망막: 눈동자를 통해 들어온 물체의 모양이 그려지는 곳이에요.

갑자기 불을 켜면 왜 눈이 부셔요?

컴컴한 곳에 있으면 우리 눈은 곧
어둠이랑 친해져요.
이때 갑자기 불을 켜면
눈이 너무 놀라 움직임을 멈춰요.
"아직 어둠이랑 작별 인사도 못 했어."
하고 눈이 투덜거리는 거예요.
이 잠깐 동안 우리는
눈부심을 느끼지요.

환한 데 있다가 갑자기
어두운 데로 들어가도 잠깐 동안
아무것도 보이지 않아요.
눈이 깜짝 놀라 움직임을
멈췄기 때문이지요.
하지만 조금 기다리면 눈이
어둠에 적응하여 보이기 시작하지요.

> **Tip**
> 어두운 데서 사진을 찍으면
> 눈이 빨갛게 나와요.
> 우리 눈이 "캄캄한 게 싫어요!" 하고
> 빛을 많이 빨아들이기 때문이에요.

감각

비누 거품이 눈에 들어가면 왜 눈물이 나요?

비누 거품은 피부의 때를 씻어 줘요.
하지만 눈을 씻으려고 비누로 눈을 문질렀다가는
너무너무 따가워서 발을 동동 구를 거예요.
우리 눈은 눈물말고 다른 물을 싫어하기 때문이죠.
그래서 눈에 **비누 거품**이 들어오면
"눈에 이상한 게 들어왔다."
하고 뇌에 신호를 보내요.

비누 거품이 눈에 들어가면 맑은 물로 깨끗이 씻어야 해요.

Tip
눈에 뭐가 들어갔을 때 절대 비비면 안 돼요. 인공눈물을 듬뿍 흘려 넣고 기다리면 빠진답니다.

그러면 뇌는
"걱정 마. 깨끗이 씻어 줄게." 하고
눈물을 내보내 눈을 깨끗하게
씻어 주지요.

눈에 비누물이···

양파를 썰면 왜 눈물이 나올까요?

감각

양파 속에는 매운 냄새를 품은 알갱이가 많이 들어 있어요.
양파를 썰 때, **매운 냄새 알갱이**들은 공기 속으로
폴폴 날아가 우리 눈으로 쏙 들어오지요.
"아유~ 매워, 매워."
눈이 맵다고 아우성치면
어서어서 눈을 씻어 주려고 눈물이 나와요.
양파 냄새는 콧속으로 들어가 코도 맵게 해요.
그래서 훌쩍훌쩍 콧물도 나온답니다.

양파를 썰 때 눈물을 흘리지 않으려면
촛불을 켜야 해요. 초가 타면서
매운 냄새 알갱이도
함께 태워 주니까요.

눈곱은 왜 끼나요?

우리 눈에는 기름기가 약간 있어요.
눈을 뜨고 있을 땐, 기름기가
눈동자 위로 얇은 기름막을 만들어 눈을 보호해 줘요.
그런데 잠을 자느라 오랫동안 눈을 감고 있으면
기름기가 눈 가장자리에 덕지덕지 붙게 돼요.
아침에 눈을 비빌 때 누렇게 떨어지는 **눈곱**은
바로 이 **기름기**가 말라붙은 거예요.
낮에 생기는 눈곱은 눈에
들어간 먼지가
눈물과 함께 눈 가장자리에
쌓인 것이고요.

눈곱을 떼지 않으면 지저분해 보여요.

감각

눈썹은 왜 있을까요?

눈썹은 눈의 지붕이에요.
이마에서 땀이 흐를 때
눈에 들어가지 않게 막아 주어요.
또, 빗물이 눈에 들어가지 않게 흘려 보내지요.
눈보다 튀어 나와 있어서
해가 '쨍' 하고 눈을 괴롭히는 걸 막아 주기도 해요.
눈썹을 올리거나 내려서 화가 났는지,
기분이 좋은지 보여 줄 수도 있어요.
속눈썹은 눈의 방패예요. 먼지나
모래가 날아오면 "안 돼!" 하고 막아 주지요.

감각

울면 왜 콧물도 나와요?

울 때는 눈물이 무지무지 많이 나와요. 뺨으로 줄줄 흐르고도 남아서 머리 쪽에 있는 눈물주머니로 들어가지요.
그런데 눈물주머니까지 꽉 차면 넘치는 눈물이 더 이상 갈 데가 없어서 코로 들어가요.

울 때 콧물이 나오는 이유가 뭘까?

눈·코·입은 겉으로 보기에는 따로따로 있지만 몸속에서는 다 이어져 있으니까요.

감각

코는 어떻게 냄새를 맡나요?

공기 속에는 여러 냄새를 품은 아주 작은 알갱이들이 아주 많이 떠다녀요. **냄새 알갱이**들은 우리가 숨을 쉴 때, 공기에 섞여 콧속으로 들어오지요.

각종 냄새들

그러면 콧속에 있는 냄새 세포가
신경을 통해 냄새 알갱이를 뇌에게 전해 줘요.
그러면 뇌가 어떤 냄새인지 알아맞히는 거예요.
"아! 달콤한 사탕 냄새다!"
"으윽, 고약한 방귀 냄새다."

Tip 만약 콧물이 없다면 우리는 냄새를 잘 맡지 못할 거예요. 끈끈한 콧물이 냄새 알갱이를 꽉 잡아 줘야 냄새를 맡을 수 있으니까요.

코를 풀면 왜 귀가 먹먹해져요?

감각

코와 귀는 서로
이어져 있어요.
그래서 코를 세게 풀면, 그 힘 때문에
귀까지 먹먹해지는 거예요.
코를 풀 때 귀가 먹먹해지지 않으려면
한쪽 콧구멍을 막고 다른 한쪽만 풀면 돼요.

비행기를 타고 높이 올라갈 때도 **귀가 먹먹**해져요.
이때는 **침을 꿀꺽** 삼키면 괜찮아져요.
귀와 입도 이어져 있거든요.
그리고 코와 입도 이어져 있어요.
그래서 재채기를 하면 입으로
먹은 밥풀이 코에서
튀어나오기도 해요.

귀가 멍~ 할 때는
침을 꿀꺽
삼켜 봐요.

Tip
하품을 하다가 귀에서 펑! 하는 소리를
들은 적 있나요? 쩍 벌린 입으로
공기가 너무 많이 들어가면 귀로
빠져나가는 소리래요.

감각

코털은 왜 있는 거예요?

고개를 바짝 젖힌 채 거울을 보면,
콧구멍이 훤히 들여다보이지요?

콧구멍 속에 비쭉 나온 **코털**도요.

코털은 콧속을 지키는 병사예요.

공기 속을 동동 떠다니는 **먼지랑 세균**이
슬그머니 코로 들어오면,

"먼지, 안 돼. 세균도 안 돼."

하고 코털이 막아 주거든요.

코털 덕분에 우리는 깨끗한
공기만을 마실 수 있어요.

코딱지는 왜 생겨요?

콧물은 콧속 피부를 **끈적끈적** 적시고 있어요.
우리가 마신 공기 속에 들어 있는 **먼지**를
끈끈하게 붙들려고 준비하는 거예요.
먼지가 몸속에 들어가면 건강에 해로우니까요.

Tip
코딱지에는 먼지랑 세균이 많이 붙어 있어요. 그래서 손으로 막 후비면 안 돼요.

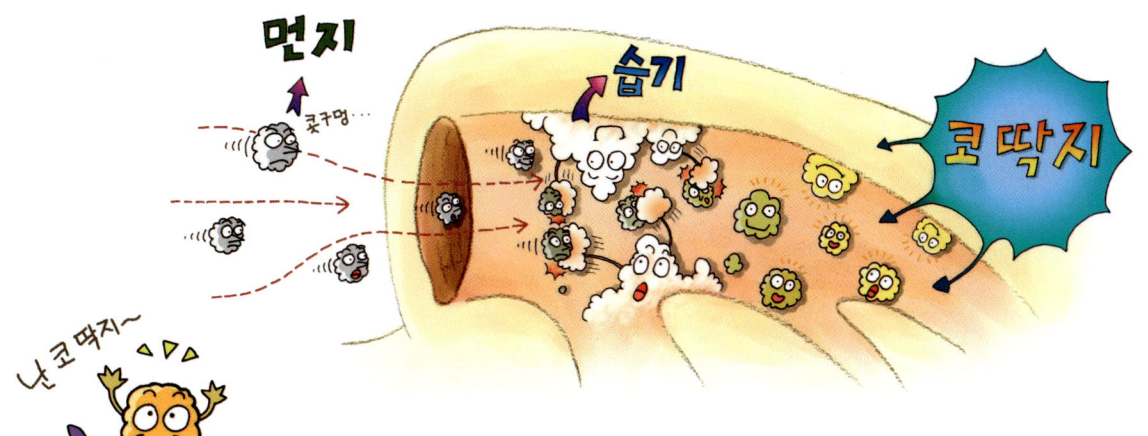

이렇게 콧물에 붙은 먼지들은
조금씩 모이고 뭉쳐서 코딱지가 돼요.
코딱지 색깔은 먼지 색깔과 비슷해요.
그래서 공기가 더러운 곳에 있으면
까만 코딱지가 나오는 거예요.

억지로 코딱지를 떼면 피가 나요.

감각

맛은 어떻게 느끼나요?

혀에는 맛을 느끼는 알갱이들이 다닥다닥 붙어 있어요.
음식물이 입에 들어오면 **맛 알갱이**는
어떤 맛인지 알아맞히죠.
그런데 맛 알갱이는 침에 잘 녹은 음식 맛만 알 수 있대요.

무슨 맛인지 맞혀 봐.

그래서 음식을 맛있게 먹으려면
오래오래, 꼭꼭 씹어야 해요.
그래야 침이 많이 나오잖아요.

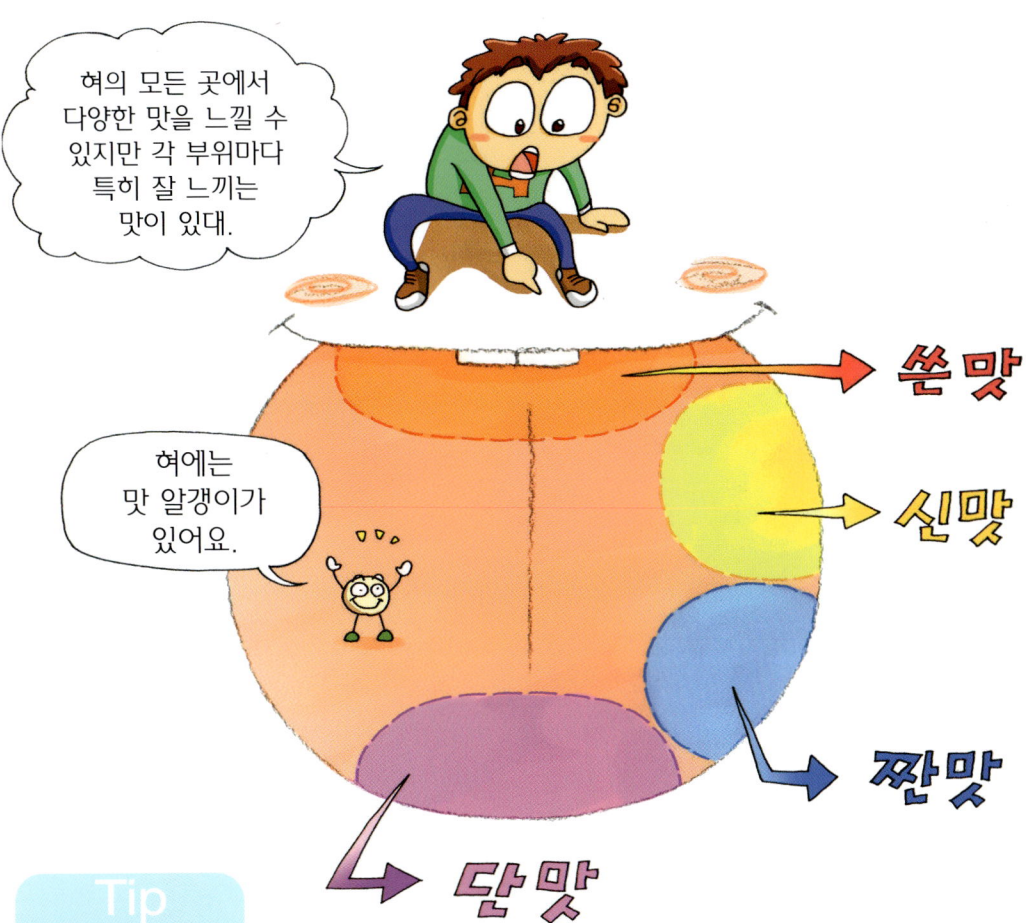

맛 알갱이가 느낄 수 있는 맛은
단맛, 짠맛, 신맛, 쓴맛이에요.
맵고 떫은 건 입속 피부가 느껴요.
맵고 떫은 건 맛이 아니라 피부가 느끼는 아픔이거든요.

Tip
맛은 혀와 코가 함께 느끼는 거예요. 그래서 코가 막히면 사탕을 먹어도 별로 달지 않은 것 같고, 땅콩을 씹어도 고소한 것 같지 않아요.

더우면 왜 목이 말라요?

코피가 입에 들어가면 짭짤한 맛을 느끼죠?
핏속에 소금이 아주 조금 들어 있기 때문이에요.
그런데 날씨가 더우면 땀을 많이 흘려
몸속의 물이 부족해지고, 핏속의 물도 줄어들어
피에 소금기가 더 많아진답니다.

그러면 뇌가
"어서 물을 마셔." 하고
명령을 내려요.
그래서 더우면 자꾸
목이 마른 거예요.
짠 음식을 많이 먹어도
목이 말라요.
음식 속에 든 소금이
핏속으로 들어가
피에 소금이 너무 많아지면
물을 찾게 되지요.

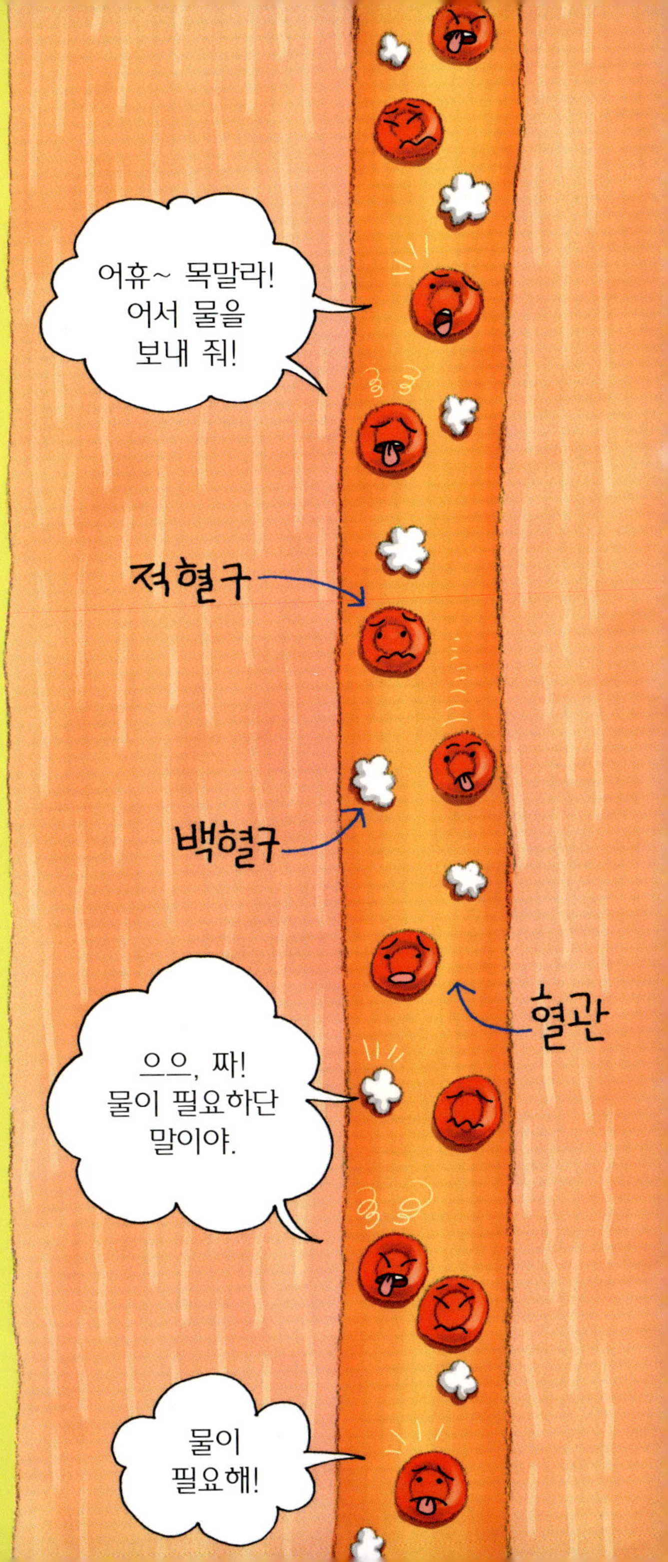

어휴~ 목말라!
어서 물을
보내 줘!

적혈구

백혈구

으으, 짜!
물이 필요하단
말이야.

혈관

물이
필요해!

맛있는 냄새를 맡으면 왜 침이 고여요?

감각

밥을 씹을 때, 사탕을 빨 때,
입안에 있는 **침샘**에서 침이 나와요.
침은 음식과 섞여 소화를 도와주지요.
그런데 맛있는 냄새만 맡아도 **침**이 퐁퐁 솟아나지요?

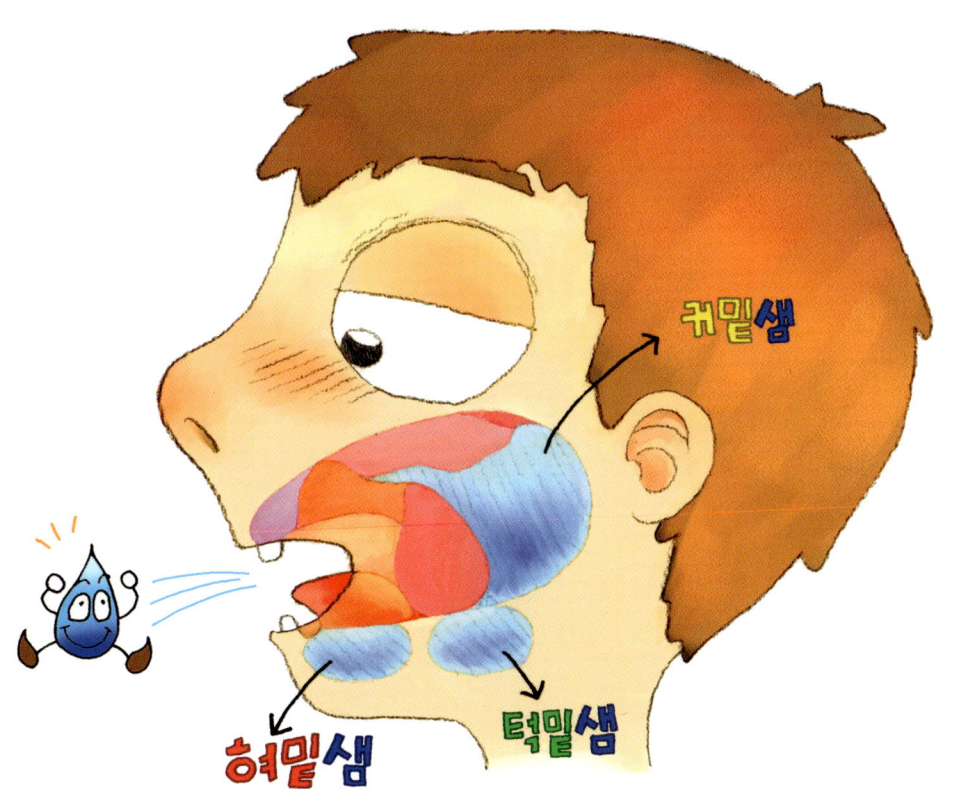

특히 고소한 냄새, 시큼한 냄새가 나면
입안에 침이 가득 고여요.
침샘이 너무 부지런해서 그런 거예요.
음식 냄새를 맡자마자,
"곧 음식을 먹을 거지?
내가 가서 소화를 도와줄게."
하고 먼저 나와 음식을 기다리는 거예요.

목소리는 어떻게 나올까요?

감각

소리는 입에서 나는 게 아니에요.
목구멍 속의 **성대(울림통)**에서 나요.

성대는 코와 입으로 들어온 공기가
허파로 넘어가는 길 가운데 있어요.
손을 목에 대고 "엄마!" 하고 소리를 지르면,
목이 가늘게 떨리는 게 느껴지죠?
우리 목 안에 있는 울림통이 덜덜덜
가늘게 떨면서 목소리가 나오는 거예요.
목에서 나오는 소리를, 입술을 들썩이고
혀를 움직여서, 우리가 알아들을 수 있는 말로
바꾸는 거예요.

추울 때는 왜 하얀 입김이 나와요?

우리가 내쉬는 숨은 따뜻해요.
몸속에서 데워졌기 때문이지요.
그런데 따뜻한 공기는 갑자기 찬 공기를 만나면
하얗게 얼어붙어요. 공기 속에 든
작은 물방울이 얼어서 하얗게 되는 거예요.

우리가 추울 때 후~ 숨을 내쉬면
따뜻한 숨이 찬공기와 만나 하얗게 얼어붙어요.
이게 바로 **하얀 입김**이지요.
하지만 날씨가 따뜻해지면, 우리가 내뿜는
숨과 바깥 공기의 온도가 비슷해서
하얀 입김이 생기지 않아요.

Tip
추운 날 밖에서 막 안으로 들어오면 안경에
하얗게 김이 서리죠? 밖과 안의 온도 차이 때문에
공기 속의 물방울이 얼어붙어 하얗게 되는 거예요.

귀는 어떻게 소리를 듣나요?

소리는 덜덜덜, 공기를 떨게 해요.
그래서 엄마가 부르면
그 소리가 공기를 타고 내 귀로 쏙 들어와
작은북처럼 생긴 **고막**을 울린답니다.
고막이 흔들리면 귓속뼈가
소리 신호를 알아채고
귀와 이어진 신경으로 전해 줘요.

신경은 뇌로
소리 신호를 전달해 주고,
그러면 뇌가
"엄마 목소리다." 하고
알아맞히지요.

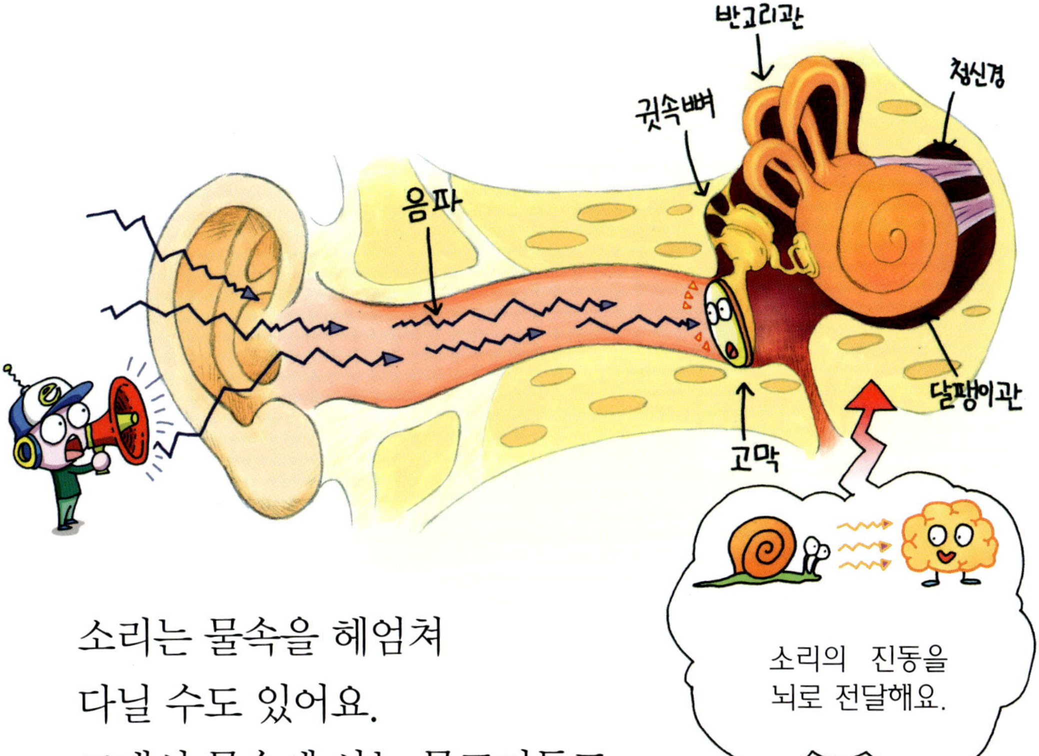

소리는 물속을 헤엄쳐
다닐 수도 있어요.
그래서 물속에 사는 물고기들도
이야기를 한대요.

귀지는 왜 생겨요?

감각

귀는 기다란 동굴 같아요.
그래서 귓속으로 들어온 먼지가
동굴 깊숙이 못 들어가고,
귓구멍 근처에 모이게 되죠.
이 먼지와 **귓속 피부**에서
떨어진 때가 뭉친 걸
귀지라고 해요.

귀지는 귓구멍 가까이에 생겨 저절로 바깥쪽으로 밀려나가요. 귓속 깊이 들어가지 않으니까 일부러 파내지 않아도 돼요. 귀는 함부로 만지면 큰일 나거든요. 귀에 벌레가 들어가도 억지로 파내지 말고 귓구멍에 빛을 비춰요. 그러면 벌레가 빛을 따라 나온답니다.

> **Tip**
> 빛을 싫어하는 벌레가 귀에 들어갔을 때는 식용유나 올리브유를 귓속에 흘려 넣으면 돼요. 그럼 벌레가 기름에 빠져 죽는답니다. 그러고는 얼른 병원에 가서 빼내야 해요.

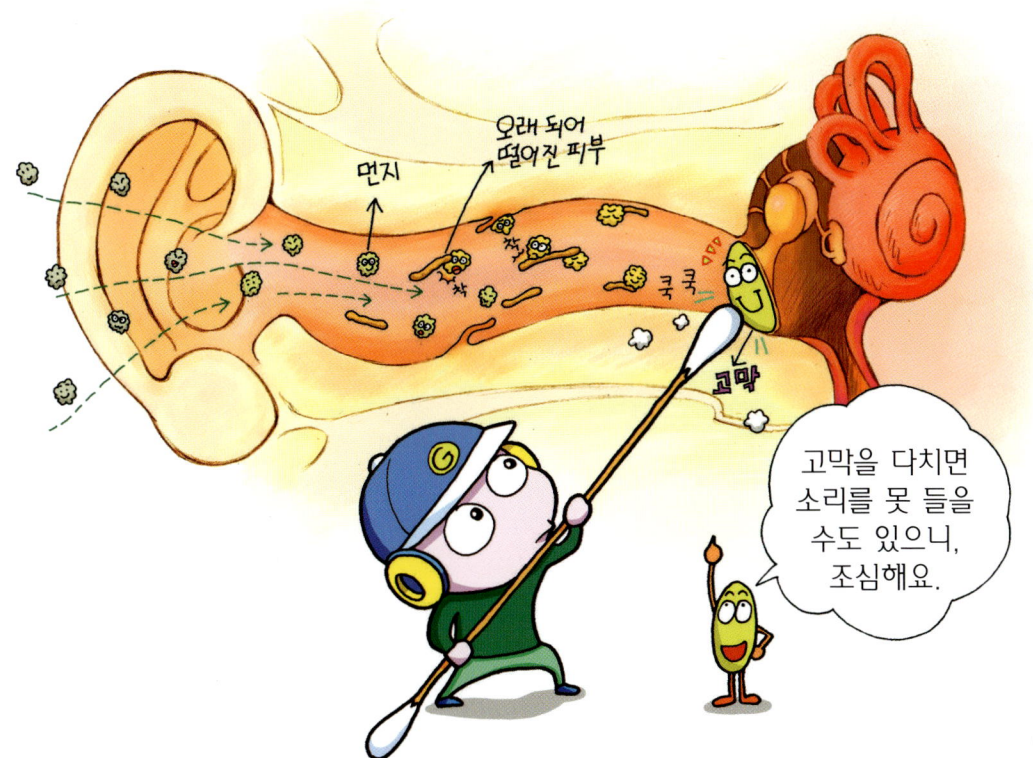

감각

차를 타면 왜 멀미가 날까요?

차를 타고 꼬불꼬불한 길을 달리면,
속이 메슥거리고 먹은 것을 다 토하기도 해요.
멀미가 나는 거예요.
멀미는 우리 몸이 균형을 잡지 못할 때 생겨요.
우리 귓속에는 균형 잡는 일을 하는
반고리관이 있어요.

동글동글하게 생긴 반고리관은
차가 덜컹거리면 따라서 흔들거리며
균형을 잡아요.
그런데 차가 너무 많이 흔들리면
반고리관도 균형을 못 잡아서
멀미가 나는 거예요.
뱅글뱅글 돌고 나면 어지러운 것도
반고리관이 흔들리기 때문이에요.

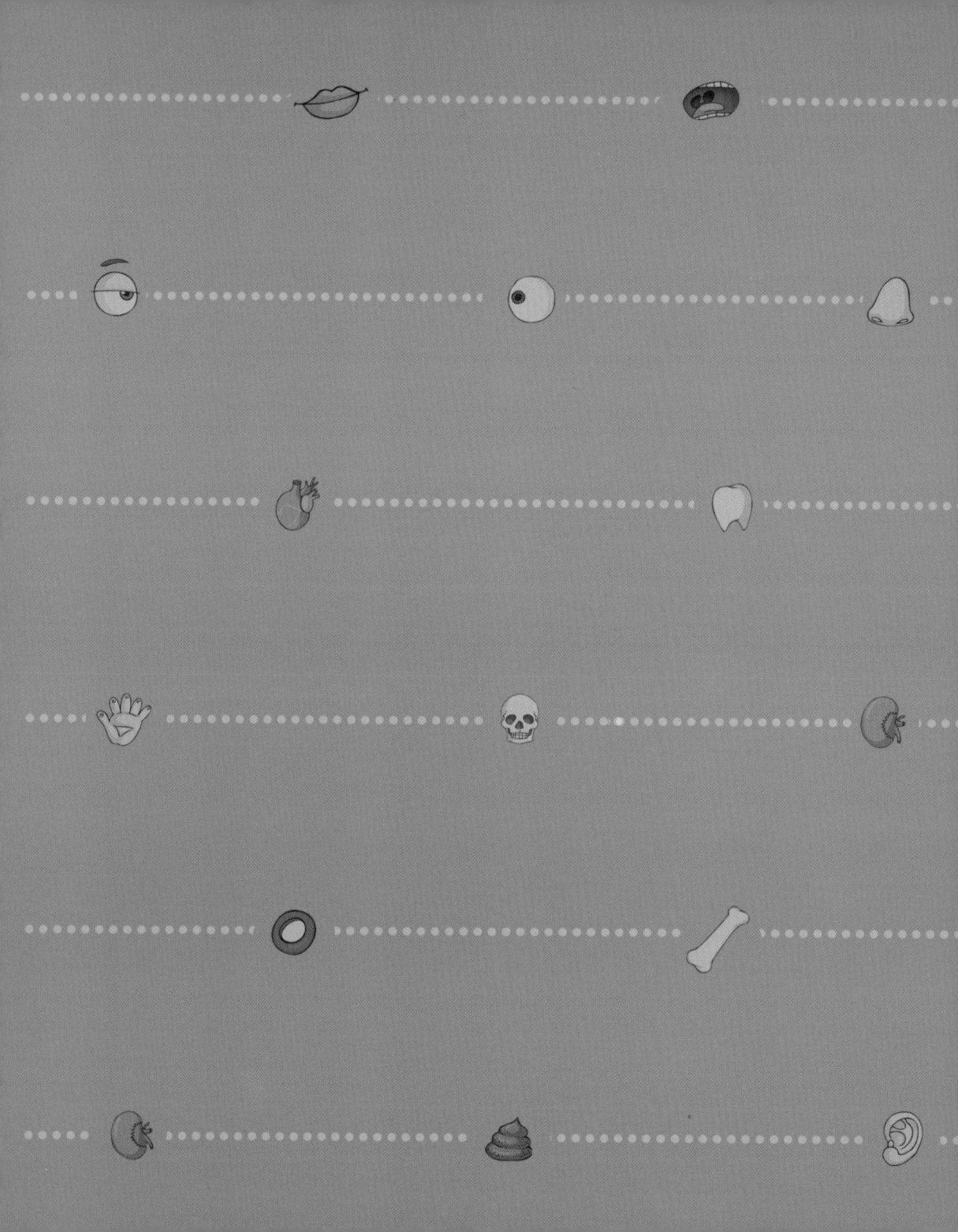

2
꼬르륵 우리 몸의 소화

소화

우리가 먹은 음식은 어떻게 되지요?

우리가 먹은 물과 음식은
목구멍을 지나 주머니처럼 생긴 위로 내려가요.
위는 주물주물, 움찔움찔 움직이며
음식물을 짓이겨 죽처럼 만들지요.

죽이 된 음식물은
길고 구불구불한 작은창자와 큰창자에서
아주아주 잘게 부서져 영양분이 되어,
핏속으로 들어가요.

이 영양분은 핏줄을 타고 다니며
우리 몸 구석구석에 힘을 주어요.
영양분이 못 된 음식물 찌꺼기는
오줌이랑 똥이 되지요.

Tip
똥에 가장 많이 들어 있는 것은 물이에요. 나머지는 몸에서 소화되지 않은 음식 찌꺼기와 죽은 세균 등으로 이루어졌답니다.

배가 고프면 왜 꼬르륵 소리가 나요?

위는 쉬지 않고 움직여요.
음식물이 들어 있을 때는 주물주물 주무르고,
비틀비틀 비틀어 음식물을 죽처럼 만들어요.

배가 고파 위가 텅 비어 있을 때도
위는 주물주물 계속 움직여요.

소화

그러면 위에 가득 차 있는 공기가
음식물 대신 이리저리 움직여요.
공기가 움직이면서 '꼬르륵 꼬르륵'
소리가 나는 거예요.

음식은 왜 골고루 먹어야 해요?

우리 몸은 음식을 소화시켜 영양분을 얻어요. 그런데 음식에는 우리 몸에 필요한 여러 영양소가 고루 들어 있지 않아요.

소화

어떤 음식에는 키가 커지는 영양분이,
어떤 음식에는 머리가 좋아지는
영양분이 들어 있어요.
그래서 우리 몸에 필요한 영양분을 모두 얻으려면
여러 가지 음식을 **골고루** 먹어야 해요.
좋아하는 음식만 먹으면 영양분이 부족해서
자꾸 피곤하고 키도 안 크고,
감기도 자주 걸린답니다.

소화

Tip

우리 배를 아프게 하고 설사를 하게 만드는 이유 중 하나는 창자 속에 사는 세균이에요. 창자 속 세균은 보통 해를 끼치지 않지만, 갑자기 세균이 많아지면 배탈이 나기도 하지요.

아이스크림을 많이 먹으면 왜 배가 아파요?

우리 배 속은 피부보다 훨씬 따뜻해요.
그런데 아이스크림처럼 **찬 음식**을 먹으면
배 속의 **위**랑 **작은창자, 큰창자**들이
차가운 기운에 놀라 움츠러들어요.
소화를 돕겠다며 위랑 창자로 흘러나온 여러 물들도
깜짝 놀라 움직이지 않아요.
그러면 먹은 것이 하나도 소화가 안 돼
배가 몹시 아프고, 주르르 **설사**가 나지요.
이럴 땐 따뜻한 물을 조금씩 마시고,
이불을 덮어 배를 따뜻하게 하면 낫는답니다.

이럴 줄 알았으면
아이스크림
한 개만 먹을걸….

트림은 왜 나와요?

우리가 공기를 마시면 폐로 들어가고
밥을 먹으면 위로 들어가요.
그런데 밥을 먹을 때 함께 삼킨 공기는 어디로 갈까요?
밥과 함께 위로 들어간답니다.

소화

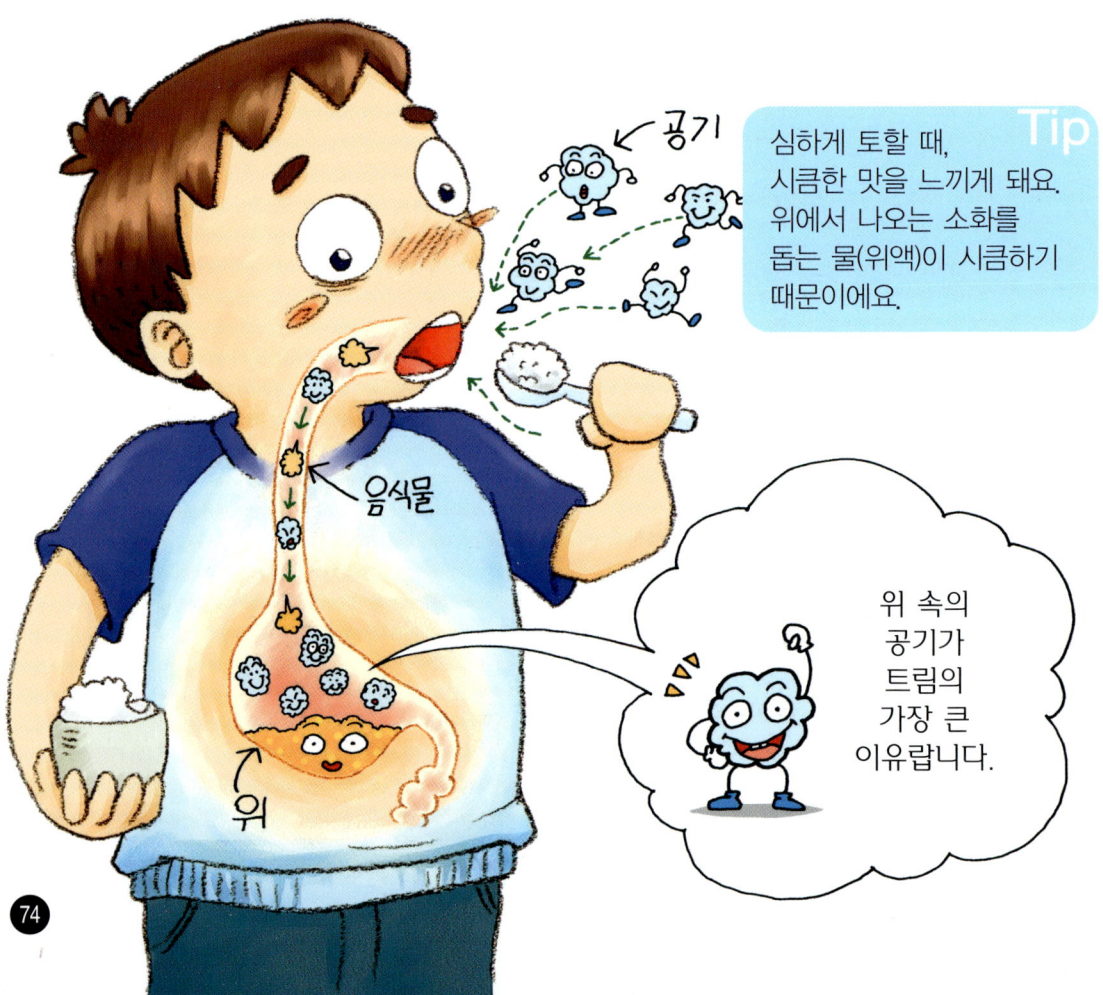

Tip
심하게 토할 때,
시큼한 맛을 느끼게 돼요.
위에서 나오는 소화를
돕는 물(위액)이 시큼하기
때문이에요.

위 속의 공기가 트림의 가장 큰 이유랍니다.

이 공기는 밥보다 가벼워서
위 윗부분에 둥둥 떠 있어요.
이렇게 공기가 모이고 모여 위가 꽉 차면
음식물 길을 따라 거꾸로 올라와 입으로 나와요.
꺼어어억~.
트림이 나오는 거죠.

토하면 뭐가 나오는 거예요?

가끔 음식을 먹고 토할 때가 있어요.
너무 많이 먹었을 때,
우리 몸에 안 좋은 음식을 먹었을 때 토하게 되죠.
토할 때는 위가 오므라들어서
그 속에 든 것들이 입으로 나와요.

으윽,
음식이 이상해!
못 먹겠어.

우리가 토한 것에는 반쯤 소화된 걸쭉한 음식물, 침,
위에서 나온 소화를 도와주는 물들이 섞여 있어요.
음식이 내려가야 할 길로 거꾸로 올라오기 때문에
토하는 건 무척 괴롭답니다.

토를 많이 했더니 너무 힘들어….

오줌은 왜 나올까요?

물은 우리 몸에서 무척 중요한 일을 해요.
피를 만들고, 소화를 돕고,
몸속 찌꺼기들을 밖으로 내보내 주지요.

소화

이렇게 열심히
일하고 난 다음,
물은 강낭콩처럼 생긴
콩팥으로 들어가요.

오줌통을
비웠더니,
너무 시원해!

그럼 콩팥에서 깨끗한 물과 영양분만 골라
다시 핏속에 넣어 주고,
찌꺼기는 오줌통으로 보내요.
방광(오줌통)은 물 찌꺼기를 모았다가
꽉 차면 뇌로 신호를 보내요.
"오줌통이 꽉 찼어. 어서 비워 줘."
그러면 우리는 화장실로 가서 '쉬'
시원하게 오줌을 누는 거예요.

오줌을 누면 왜 몸이 부르르 떨려요?

소화

오줌을 누고 나면 "아! 시원하다." 하면서
나도 모르게 몸을 떨지요?
오줌을 누면서 빠져나간 열을
올리기 위해 몸을 떠는 거예요.
오줌이 나올 때 만져 보면
무척 따뜻해요.

오줌이 우리 몸속의 열까지
가지고 나오기 때문이죠.
그래서 오줌을 눈 다음, 우리 몸은
오줌이 빼앗아간 열을 다시 올리기 위해
근육을 빠르게 부르르르
움직이는 거예요.

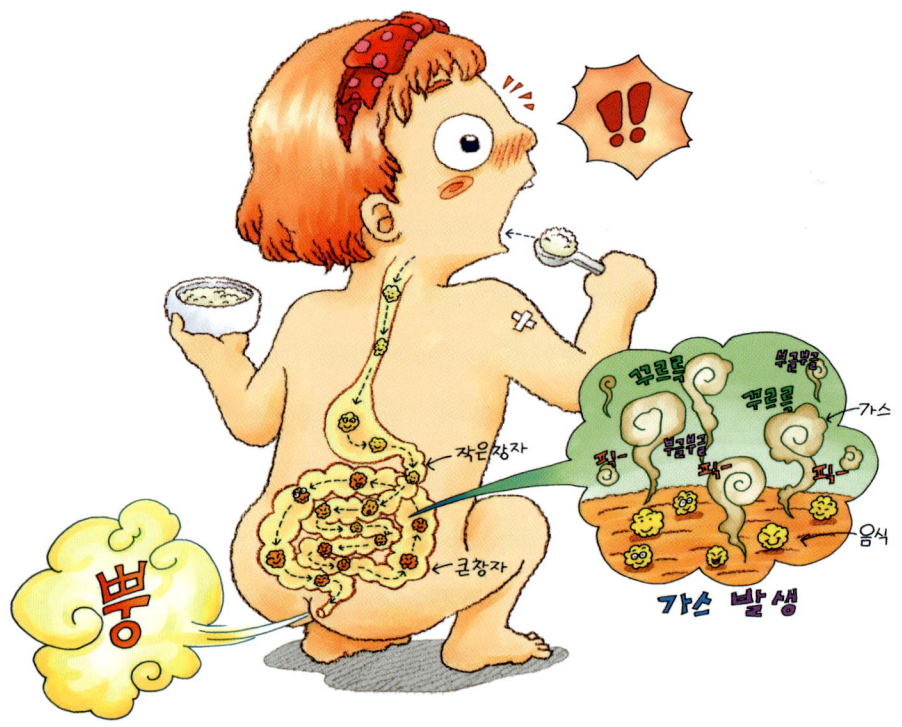

방귀는 왜 구린 냄새가 나요?

우리가 음식을 먹으면 위와 작은창자,
큰창자에서 잘게 부서져요.
영양분이 되기 위해 소화하는 거예요.
이때 보글보글 공기 방울이 생겨요.
공기 방울은 큰창자에 모여 있다가
항문을 통해 뽀오옹 방귀로 나온답니다.

방귀 냄새는 무엇을 먹었는지에 따라 달라져요.
고기나 우유를 먹으면 고약한 냄새가 나고,
야채나 밥을 먹으면 냄새가 거의 안 나요.
대신 소리가 크게 나지요.

밥을 먹으면 왜 똥이 마려울까요?

소화

밥을 먹으면 금방 똥이 마려워요.
하지만 밥 먹고 바로 누는 똥은
방금 먹은 밥이 나오는 게 아니랍니다.
어제 먹었던 밥이 소화돼서 나오는 거예요.
음식물이 소화돼서
똥이 될 때까지
하루 정도가
걸리거든요.

Tip
밥을 많이 먹어도 똥이 안 나올 때가 있어요. 이런 것을 변비라고 하지요. 물과 채소, 과일을 많이 먹고, 운동을 하면 변비가 사라져요.

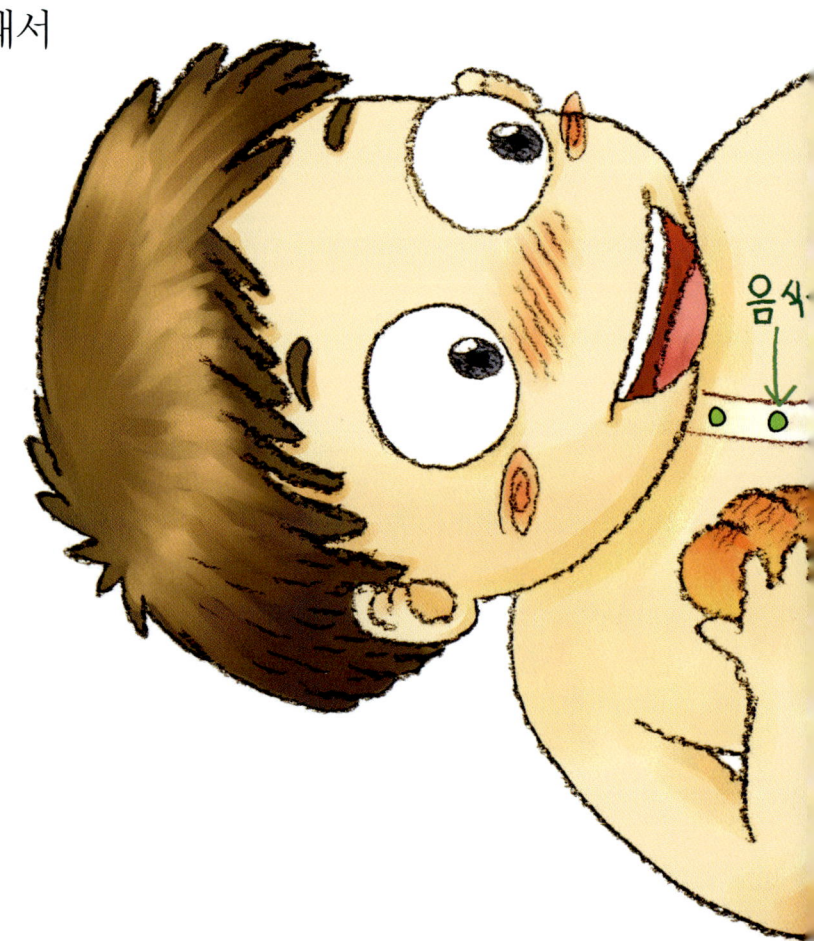

그런데 밥 먹은 다음 똥이 마려운 까닭은
창자들이 밥을 소화시키려고 조물닥조물닥
움직이기 때문이에요. 이 움직임이
음식 찌꺼기가 모여 있던
창자 끝을 건드려 똥이 마렵답니다.

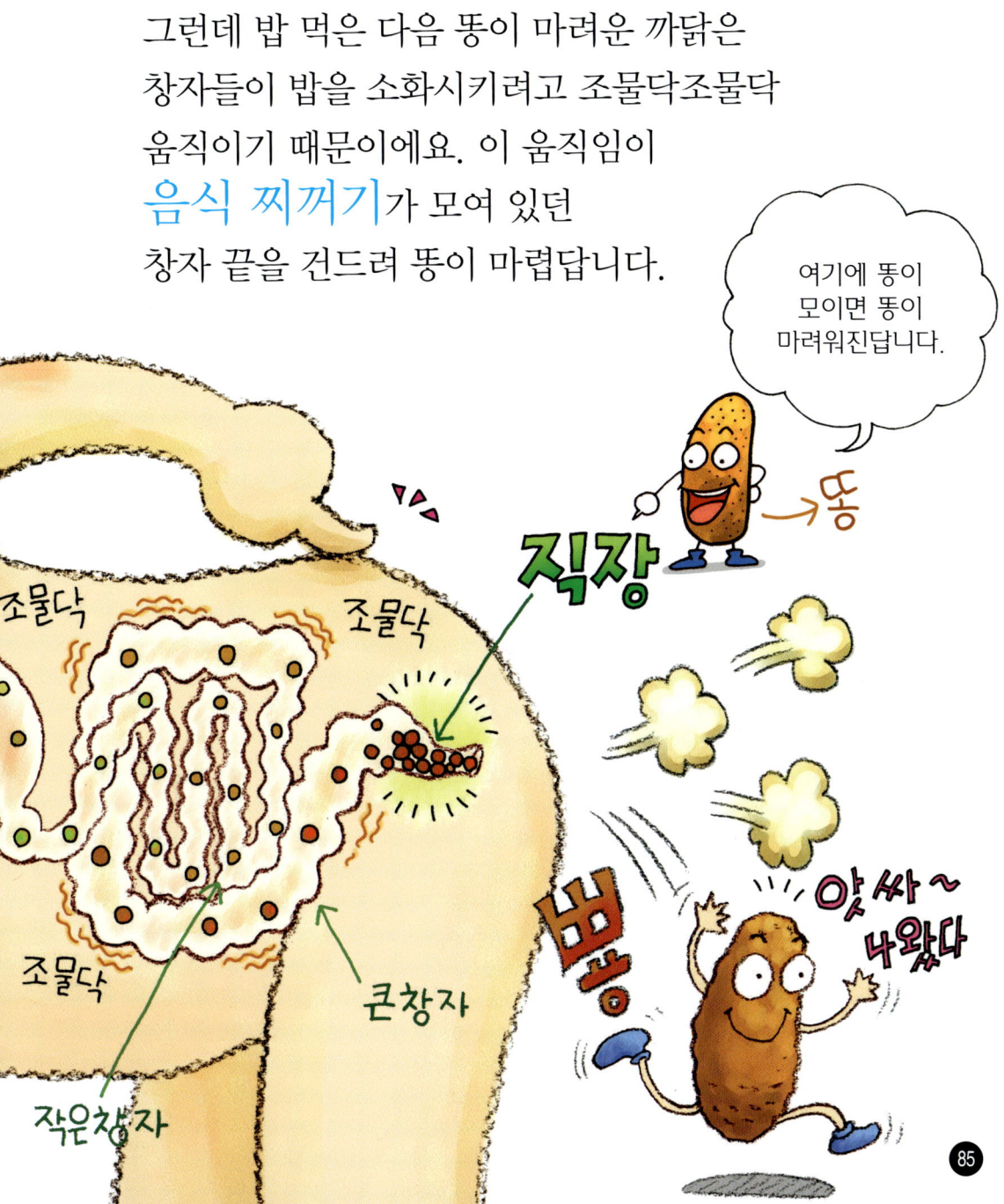

소화

똥은 왜 똥색이에요?

똥은 약간 누런 갈색이에요.
빨간 수박을 먹고 싸도, 하얀 밥을 먹고 싸도
똥 색깔은 크게 달라지지 않지요.
배 속에서 이미 색깔이 정해졌기 때문이에요.
음식물이 소화될 때, 여러 창자에서는
소화를 돕는 여러 가지 물이 나와요.
그중 하나가 간에서 나오는 녹황색 물인데,
음식물에 이 물이 들면 갈색으로 변한답니다.
그래서 음식물이 소화되고 남은 찌꺼기인
똥 색깔도 갈색이 되는 거예요.

설사는 왜 할까요?

설사를 할 때는 배가 무지 아파요.
부글부글 꾸룩꾸룩, 소리도 많이 나요.
창자에 **세균**이 많아져서 그런 거예요.
세균 때문에 창자가 깜짝 놀라
너무 급하게 움직이면 설사가 나거든요.

설사할 때 이런 음식은 좋지 않아요.

그러면 작은창자는 영양소를 하나도 빨아들이지 못하고,
큰창자는 물을 하나도 빨아들이지 못해요.
그래서 설사를 많이 하면 몸에 힘이 하나도 없어요.
우리 몸에 물과 영양소가 모두 부족해지니까요.
설사를 할 때는 배를 따뜻하게 해 주고,
따뜻한 물을 먹어 빠져나간 물을 채워 줘야 해요.

소화

> **Tip**
> 딸꾹질을 멈추려면 코를 막고 물을 천천히 많이 마시면 돼요. 또 코와 입을 막고 잠시 숨을 참아도 멈출 수 있어요.

딸꾹질은 왜 날까요?

우리 가슴과 배 사이에는 가로막이라는 얇은 막이 있어요.
횡격막(가로막)은 숨을 쉴 때마다 오르락내리락,
움직이며 폐를 도와줘요.
폐는 혼자서는 움직이지 못하거든요.
그런데 숨을 잘못 쉬거나, 음식을 급하게 먹으면
가로막이 제대로 움직이지 못하고,
놀라서 덜덜덜 떨어요.
이때 목구멍에서 '딸꾹딸꾹' 딸꾹질이 나지요.

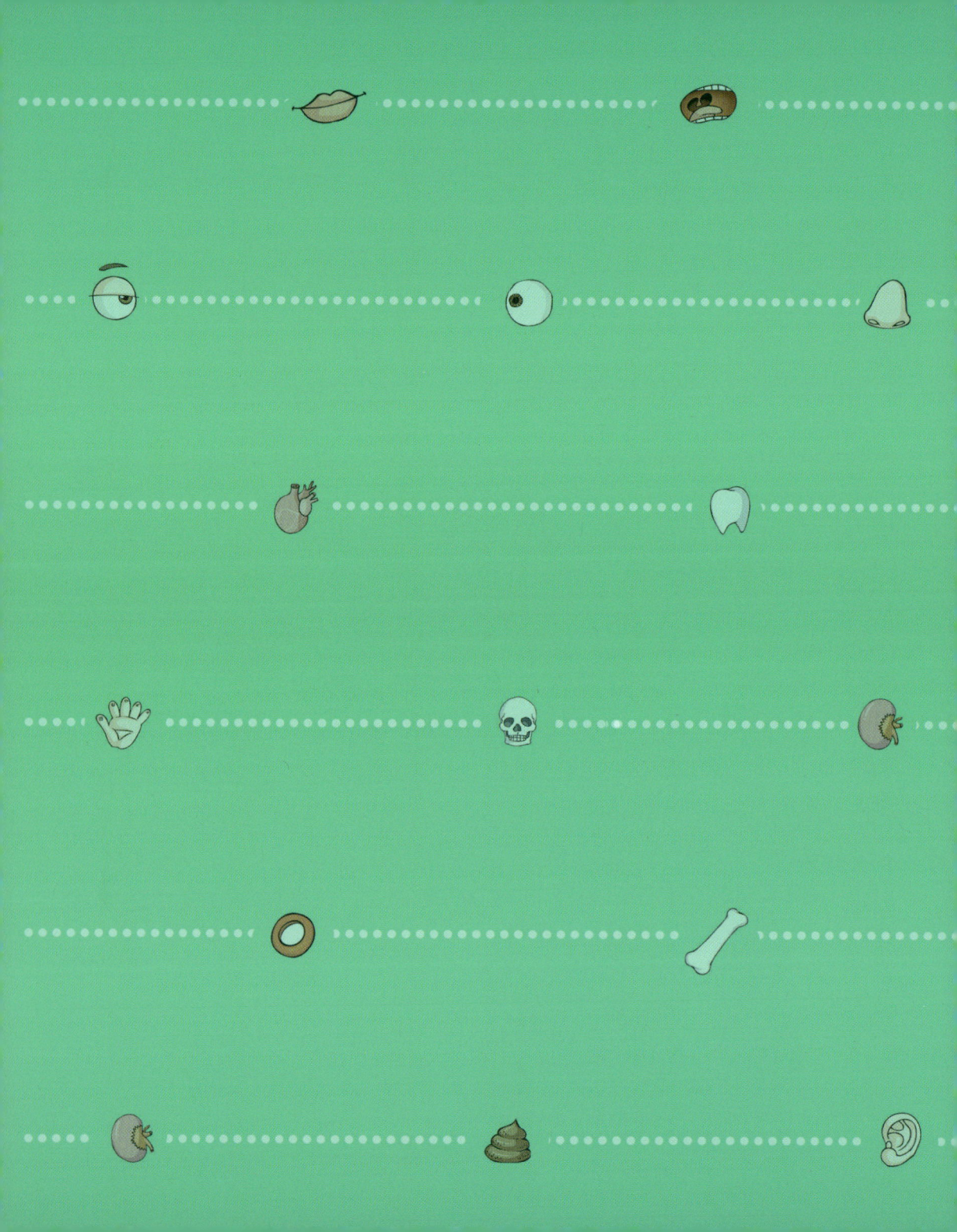

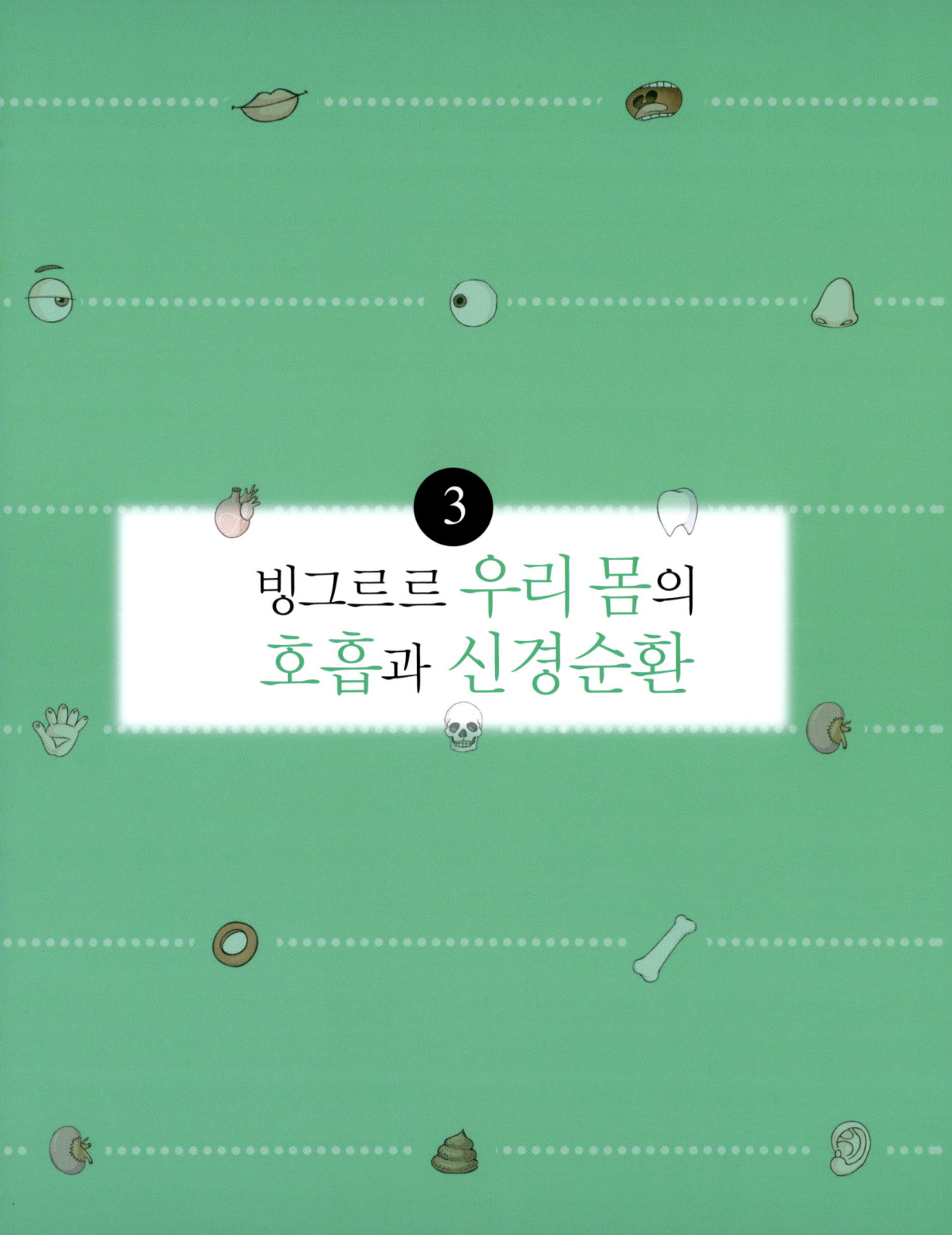

3
빙그르르 우리 몸의 호흡과 신경순환

사람은 왜 숨을 쉴가요?

우리는 산소 없이 살 수 없어요.
산소는 우리가 먹은 음식물이
몸에 필요한 힘으로 바뀌도록 도와주거든요.
그래서 우리는 숨을 쉬면서
공기 속의 산소를 마시는 거예요.
그런데 산소가 우리 몸에 들어와 일을 하고 나면
이산화탄소라는 공기 찌꺼기가 생겨요.
이산화탄소는 우리 몸에 해를 끼치는 공기예요.

호흡

산소는 우리 몸에 없어서는 안 될 소중한 것이에요.

재채기는 왜 나와요?

호흡

깜짝!

우리 몸은 먼지를 무지 싫어해요.
그래서 콧구멍으로 먼지가 들어오면
재채기를 해서 도로 내쫓아요.
재채기를 할 땐, 혀로 목구멍을
꼭 막고 코로만 숨을 내뿜지요.
아주 재빠르게, 하늘로
쏘아 올리는 분수처럼요.

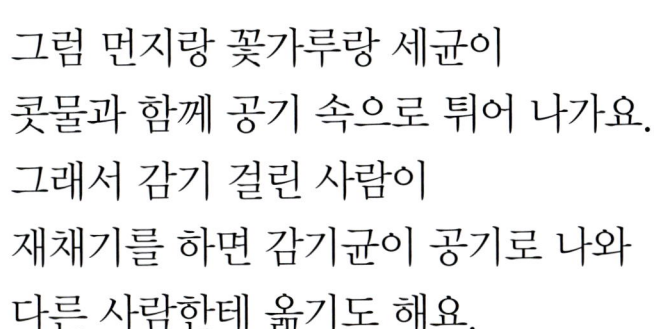

그럼 먼지랑 꽃가루랑 세균이
콧물과 함께 공기 속으로 튀어 나가요.
그래서 감기 걸린 사람이
재채기를 하면 감기균이 공기로 나와
다른 사람한테 옮기도 해요.

Tip
재채기는 입을 꼭 가리고 사람이 없는 쪽을 향해 해야 해요.
침과 콧물이 다른 사람한테 튀는 건 엄청 실례거든요.

숨은 꼭 코로 쉬어야 해요?

우리는 코로도, 입으로도 숨을 쉴 수 있어요.
하지만 숨은 코로 쉬는 게 좋아요.
코는 밖에서 들어온 공기를 우리 몸에 맞게
바꿔 주니까요.
너무 차가운 공기는 따뜻하게 데워 주고,
너무 뜨거운 공기는 시원하게 식혀 주지요.
먼지가 섞인 공기는 깨끗하게 걸러 주고,
바싹 마른 공기는 촉촉하게 만들어 주어요.

그래서 코로 숨을 쉬면 우리 몸이 편안해요.
하지만 입으로 숨을 쉬면, 차거나 더러운 공기가
그대로 들어와
우리 몸이 깜짝
놀란답니다.

특히 야외에서는
입을 꼭 다물고
코로 숨을
쉬어요.

하품은 왜 할까요?

피곤할 때, 졸릴 때, 지루할 때 하품이 나요.
공기가 탁한 곳에 있어도 하품이 나요.
하품이 나는 이유가 여러 가지이기 때문이에요.
공기가 탁한 곳에서는 핏속에
이산화탄소가 많아져서 하품이 나요.
숨을 크게 내쉬며 이산화탄소를
내뿜고 산소를 마시려고요.

호흡

아함~
왜 자꾸 하품이 나지?

하~

지루할 땐 머리를 맑게 하려고 하품을 해요. 입을 떡 벌리고 하품을 하면, 턱에 있는 신경이 뇌를 깨워서 정신이 바짝 들거든요. 그런데 우리 몸의 어떤 부분에서 하품 하라는 명령을 내리는지는 아직 밝혀지지 않았어요.

하품을 하면 왜 눈물이 나요?

우리 눈머리랑 코 사이에는
작은 눈물주머니가 있어요.
눈을 씻어 내고 나온 눈물은
여기 고여 있다가 가득 차면
코로 흘러들어가지요.
하품할 때 찔끔 나오는 눈물은
바로 이 눈물주머니에서 나오는 거예요.
울 때처럼 눈물샘에서 나오는 게 아니랍니다.
하품을 하느라 입을 쩌억 크게 벌리면,
살이 눈물주머니를 꾸욱 눌러서
눈물주머니에 모여 있던 눈물이 쏙,
눈으로 도로 나온답니다.

이 눈물은 아프거나 슬플 때 나오는 눈물이야.

하품할 때는 저기 눈물주머니에서 눈물이 조금 흘러나와.

감기는 왜 겨울에 잘 걸리나요?

겨울에는 공기 속에 물기가 별로 없어요.
감기균은 이런 날씨를 무척 좋아해서
겨울이면 숫자가 더 많아진대요.

호흡

반면, 우리 코와 목은 추운 겨울 날씨에 더 약해져요.
그래서 겨울에 더 감기가 잘 걸리는 거예요.

그런데 감기균이 아무리 많이 들어와도
몸이 튼튼하면 거뜬히 이겨낼 수 있어요.
그래서 겨울에는 밥도 많이 먹고,
운동도 열심히 해서 몸을 건강하게 만들어야 해요.

열은 우리 몸이 감기균과 싸운다는 신호예요.
감기균이 몸에 들어오면 우리 몸에서는
열이 나요. 감기균의 힘을 빼기 위해서죠.
이 틈을 타 백혈구를 많이많이 만들어요.
우리 몸이 백혈구를 만들 때 열이 나거든요.
감기가 심할수록, 백혈구를 많이 만들어서
우리 몸의 열은 더욱 높아져요.
그런데 높은 열이 너무 오랫동안 계속 나면 뇌가
충격을 받아 다칠 수 있어요.
그래서 열이 많이 오를 때는
열 내리는 약을 먹어야 해요.

저기에 세균이 있다!

백혈구

아고~ 더워 죽겠다.

세균

Tip 피부에 상처가 나면 벌겋게 달아올라요. 상처에 들어온 세균과 우리 몸의 백혈구가 싸우느라 열이 나서 벌겋게 되는 거예요.

아프다는 것을 어떻게 느껴요?

신경 순환

쿵! 넘어져 무릎을 다치면
아프다는 것을 뇌가 금세 알아채요.
무릎에 퍼져 있는 신경이
"아얏, 무릎을 다쳤어. 피가 줄줄 흘러."
하고 뇌에게 말해 주기 때문이죠.

신경은 뇌의 심부름꾼이에요. 우리가 추운지 더운지, 부드러운지 딱딱한지 알 수 있는 것도 모두 신경 덕분이지요. 신경이 우리 몸 구석구석에 퍼져서 몸에서 일어난 일을 뇌한테 전해 주고, **뇌의 명령**을 몸에 전해 주어요.

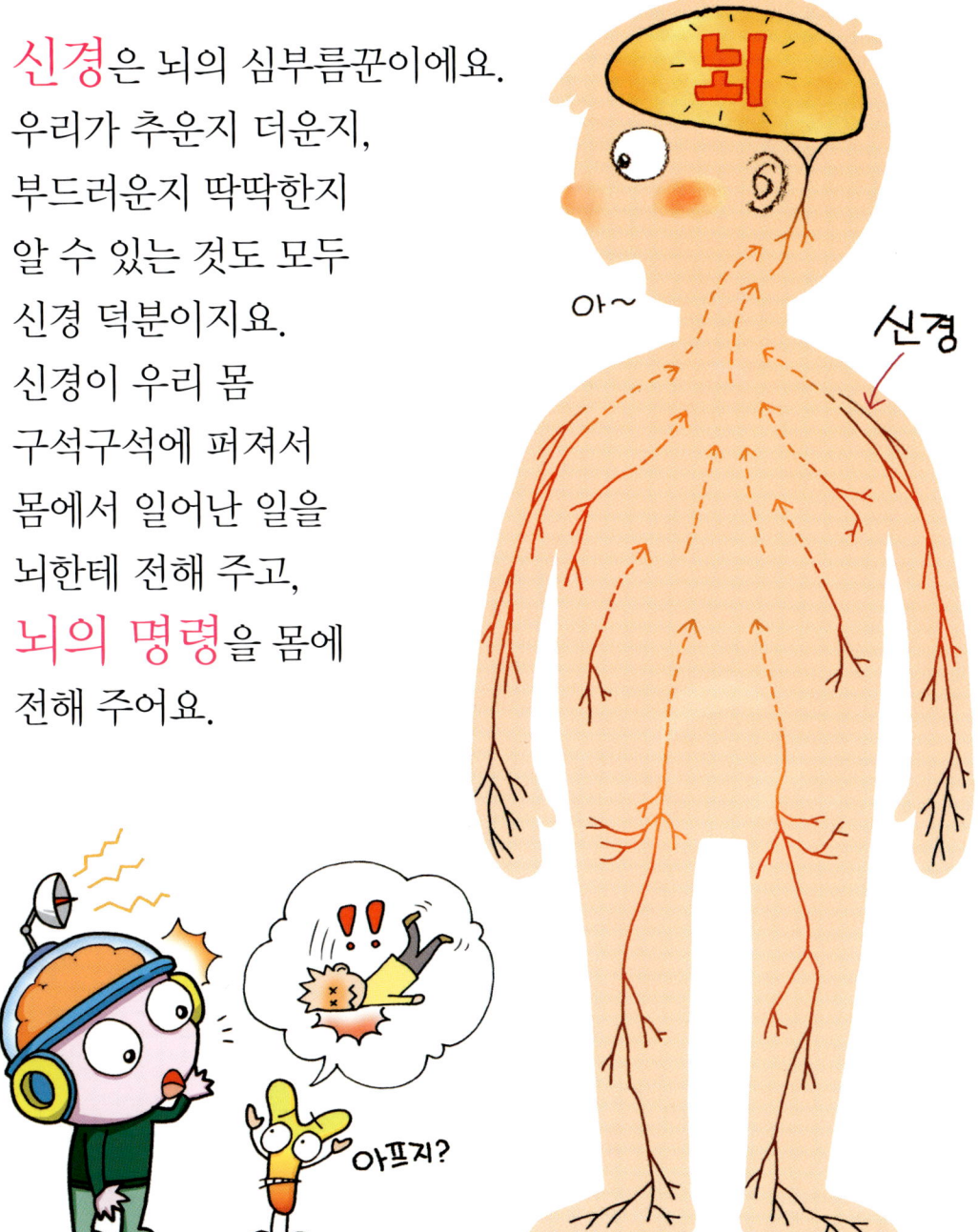

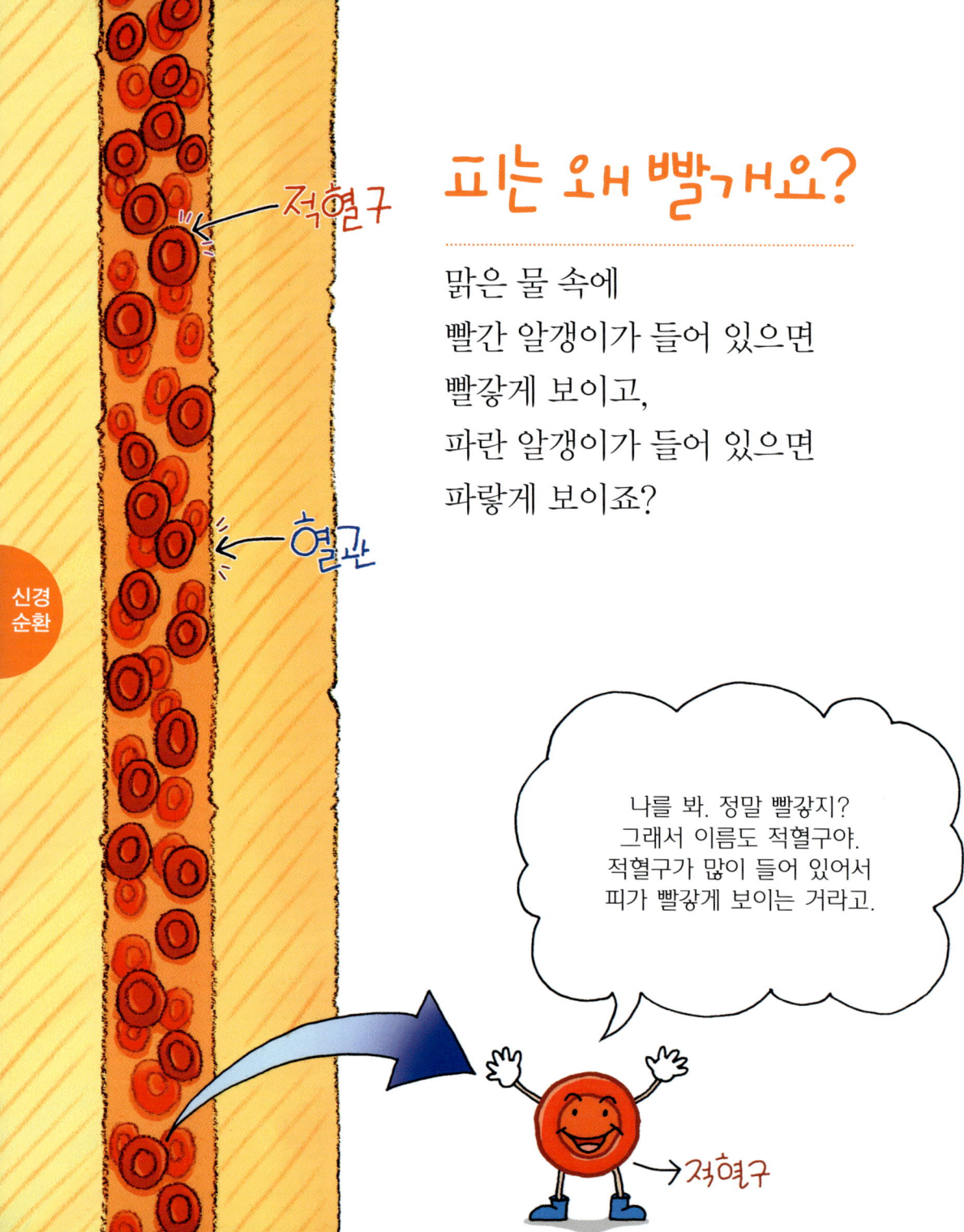

피도 **혈장**이라는 맑은 물 속에
빨간 알갱이인 **적혈구**가 들어 있어서 빨갛게 보여요.
강아지와 고양이의 피에도 빨간 적혈구가 있어서
빨갛지요. 하지만 곤충이나 거미, 게의 피는 파래요.
이들의 핏속에는 파란 알갱이가
들어 있기 때문이에요.

동물은 종류에 따라 피의 색깔이 달라.

파란피

피는 무슨 일을 해요?

피는 혈장, 적혈구, 백혈구, 혈소판이 모여 피가 돼요. 피는 핏줄을 타고 머리 끝부터 발가락 끝까지 돌며 바쁘게 일해요.

"적혈구"
"백혈구"
→ "혈소판"

> 피는 뼛속 한가운데에 있는 골수에서 만들어져요. 특히 척추뼈, 가슴뼈, 골반뼈 등에서 피를 가장 많이 만든답니다.
> **Tip**

신경 순환

각종 영양분
산소(O₂)
피부
칼슘
단백질
백혈구
으악!
철분
병균

적혈구는 폐에서 받은 공기를 온몸으로 날라 주고,
백혈구는 몸에 들어온 병균과 싸우지요.
혈소판은 상처가 났을 때 피를 멈추게 해 줘요.
혈장은 영양분을 몸 구석구석 날라 주고,
찌꺼기를 몸 밖으로 내보내 주어요.
피가 없으면 우리는 잠시도 살 수 없어요.

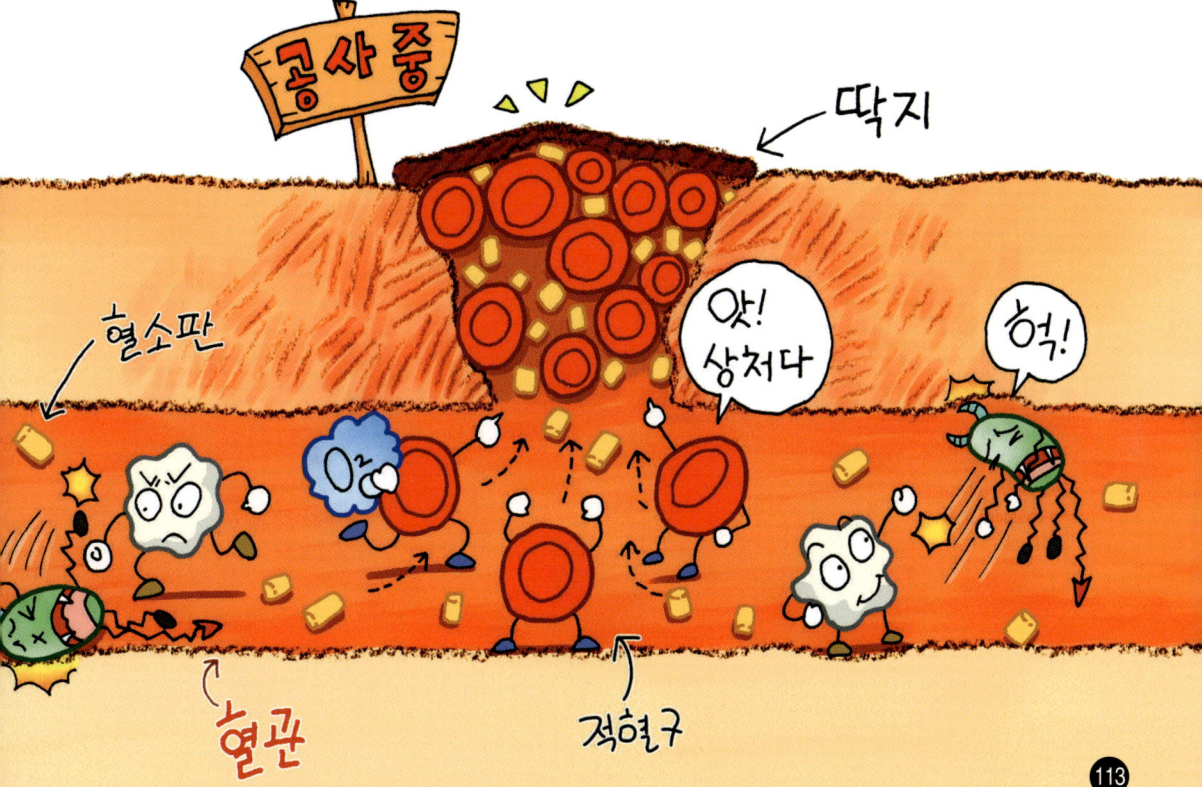

사람의 몸은 왜 따뜻해요?

신경 순환

사람의 몸도 이 로봇처럼 항상 바쁘게 움직이고 있답니다.

우리 몸속은 언제나 바쁘게 움직이고 있어요.
심장은 쿵당쿵당, 폐는 푸승푸승,
위는 주물주물, 창자는 꼬물락꼬물락.
우리가 마신 산소와 먹은 음식을
몸에 필요한 영양분으로 바꾸느라
바쁘게 움직여요.

이렇게 산소와 음식물을
영양분으로 바꾸는 과정에서
우리 몸에선 열이 나지요.
그래서 몸이 늘 따뜻한 거예요.
우리 몸은 필요한 곳에 열을 쓰고
남은 것은 버린답니다.

> 산소와 음식물 덕분에 우리 몸은 항상 따뜻해요.

Tip
우리 몸은 남은 열을 버리기 위해 땀을 내요. 땀이 마르면서 열을 가져가기 때문이죠.

머리를 찧으면 왜 혹이 생겨요?

머리를 만져 보면 아주 단단해요.
얇은 피부가 머리뼈를 둘러싸고 있거든요.
그래서 머리를 쿵 부딪혔을 때,
피부 밑에 피가 나면 그 자리에 고이게 돼요.

살이 많은 곳이라면 피가 살로 퍼져 멍이 들지만,
머리에는 살이 없어서 피가 퍼질 데가 없으니까요.
그래서 머리에 혹이 잘 생기는 거예요.
또 머리말고도 종아리, 손등처럼
얇은 피부가 단단한 뼈를 둘러싼 곳에 혹이 잘 생겨요.

혹은 병이 아니에요.
만지면 아프지만
며칠 지나면 저절로
가라앉는답니다. Tip

다치면 왜 멍이 들어요?

신경 순환

넘어지거나 부딪히면 피가 날까 겁나지요?
그런데 단단한 곳에 부딪히면 피는 안 나고
퍼렇게 멍이 들어요.
피부에 상처가 나면 피가 나지만
피부 밑에 상처가 나면 멍이 드는 거예요.
피부 밑에는 근육과 지방이 있고,
그 아래에는 뼈가 있어요.
멍이 들면 피부 아래에서 난 피가 근육과 지방으로
스며들어 피부가 퍼렇게 보인답니다.

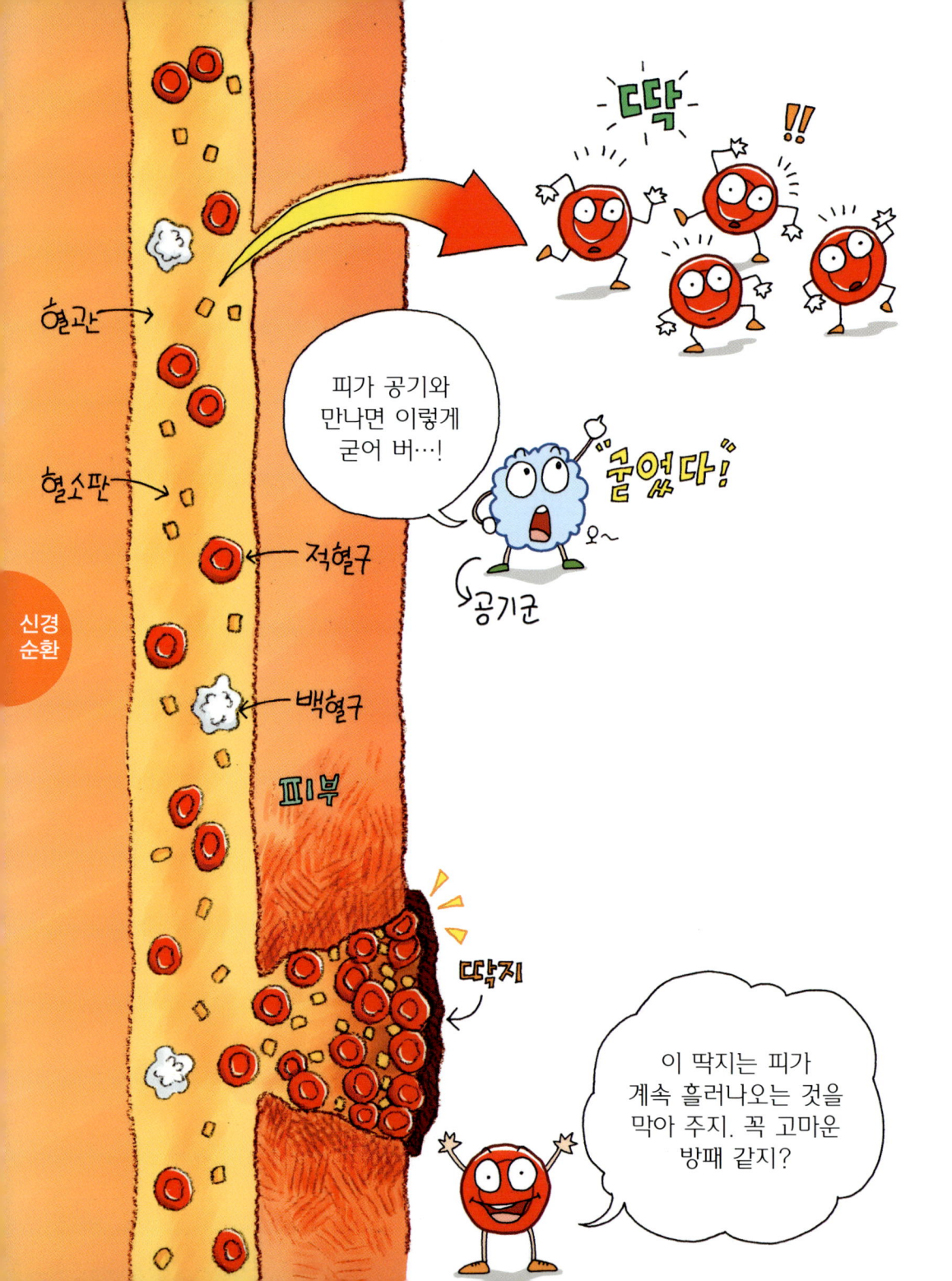

상처가 나면 왜 딱지가 생겨요?

피가 우리 몸속을 흐를 때는 꼭 물 같지만, 몸 밖으로 나오면 금세 굳어 버리죠. 그래서 피부에 상처가 나도 피가 줄줄 계속 흐르지 않고 금방 멈추는 거예요.

상처가 나면 핏속에 든 **혈소판**이 엉겨붙어 핏덩어리가 생겨요.

이 **핏덩어리**가 상처를 꼭 막아 피를 멈추게 하지요.

며칠이 지나면 엉겨붙은 핏덩어리가 딱딱한 **딱지**로 변하고 새살이 돋아 상처가 아문답니다.

딱지는 저절로 떨어질 때까지 그냥 둬야 해요.

가슴에 손을 대면 왜 쿵쿵 소리가 나요?

왼쪽 가슴에서 쿵쿵 나는 소리는
심장이 열심히 일하는 소리예요.
심장은 피를 힘껏 밀어 온몸으로 보내는 일을 해요.
허파에서 산소를 품은 깨끗한 피를 몸
구석구석으로 보내고, 온몸을 돌고 와
더러워진 피를 다시 허파로 보내 줘요.

신경 순환

그런데 막 달리고 난 다음에는
심장이 더 빨리 뛰는 것 같죠?
움직이면 몸에서 산소가 더 많이
필요하기 때문에
심장이 더 빨리 뛰는 거예요.
깨끗한 산소를 품은 피를
어서어서 보내 주려고요.

> **Tip**
> 피가 다니는 길을
> 혈관이라고 해요.
> 우리 몸 구석구석 꼬불
> 꼬불 퍼진 혈관을 떼서
> 이어 보면 지구를 두 바퀴
> 돌 만큼이나 길대요.

생각은 어디에서 하나요?

생각은 우리 머릿속에 있는 **뇌**에서 해요.
무얼 먹고 싶은지, 뭘 하고 놀고 싶은지부터
예전에 한 일을 기억하는 것, 공부하는 것,
우리 몸이 살아 움직이도록 명령하는 것까지
모두 뇌가 하는 일이에요.
뇌는 우리 몸의 대장이니까요.

신경
순환

만약 뇌가 멈춘다면 우리는
책을 읽을 수도, 밥을 먹을 수도,
길을 걸을 수도, 말을 할 수도 없어요.
그래서 뇌는 우리 몸에서 가장
중요한 곳이랍니다.

잠은 왜 자야 해요?

우리 몸은 하루 종일 바쁘게 움직여요.
잠은 피곤했던 몸을 쉬게 하는 거지요.
자는 동안 우리 몸은 별로 움직이지 않아요.
숨도 천천히 쉬고, 심장도 천천히 뛰어요.
뇌만 살짝 깨어서 우리 몸을 살아 있게 하지요.

신경
순환

잠잘 때 우리를 자라게 해 주는 호르몬이 나온대. 밤 열 시 전에는 꼭 자야 해.

잠자는 동안 몸은 쑥쑥 자라납니다. 갓난아기들이 하루 종일 자는 것도 무럭무럭 자라기 위해서예요. 아플 때 잠을 많이 자는 것도 자는 동안 저절로 치료가 되기 때문이에요.

자면서 왜 꿈을 꾸나요?

우리가 자는 동안에도 뇌는 깨어 있어서
꿈을 만들어 주지요.
우리가 꿈속에서 보고, 듣고, 느낀 것들은
꼭 실제로 일어난 일 같지만
사실은 우리 머릿속에 그려진 그림이에요.

신경
순환

꿈은 깨어났을 때 기억나기도 하고,
아무 기억이 안 나기도 해요.
하지만 우리는 날마다 꿈을 꾸어요.
무서운 꿈을 꾸기도 하고, 재미있는 꿈을 꾸기도 하지요.
어떤 꿈이라도 눈을 뜬 순간 모두 사라져 버리지요.
사람뿐 아니라 강아지나 고양이도 꿈을 꾼다고 해요.

왜 팔을 흔들며 걷나요?

하나 둘, 하나 둘.

달리기를 하는 사람들을 보면 모두 힘차게 팔을 흔들고 걸어요.
팔을 흔들면 균형이 잘 잡혀서 넘어지지 않고 걸을 수 있거든요.

신경 순환

폴짝

특히 우리는 팔과 다리를 엇갈리게 내밀어요.
그러면 **균형**을 더 잘 잡을 수 있으니까요.
강아지나 고양이도 걸을 때 앞발과 뒷발을
엇갈려 내딛어요. 넘어지지 않으려고요.

머리카락은 왜 잘라도 안 아파요?

우리 몸에는 핏줄처럼 가는 실이 또 있어요.
머리 끝부터 손가락 끝, 발가락 끝까지
구석구석 퍼져 있는 이 실을 신경이라고 해요.
신경이 있어서 우리는 아프다, 부드럽다,
차갑다 같은 느낌을 알아챌 수 있어요.

신경
순환

그런데 머리카락에는 신경이 없어서 잘라내도 하나도 안 아프답니다. 핏줄이 없어서 피도 안 나고요. 그렇다고 머리카락이 죽은 것은 아니에요. 날마다 조금씩 자라는 걸 보면 머리카락은 분명 살아 있어요.

손톱에도 머리카락처럼 신경이 없어서 잘라도 아프지 않구나!

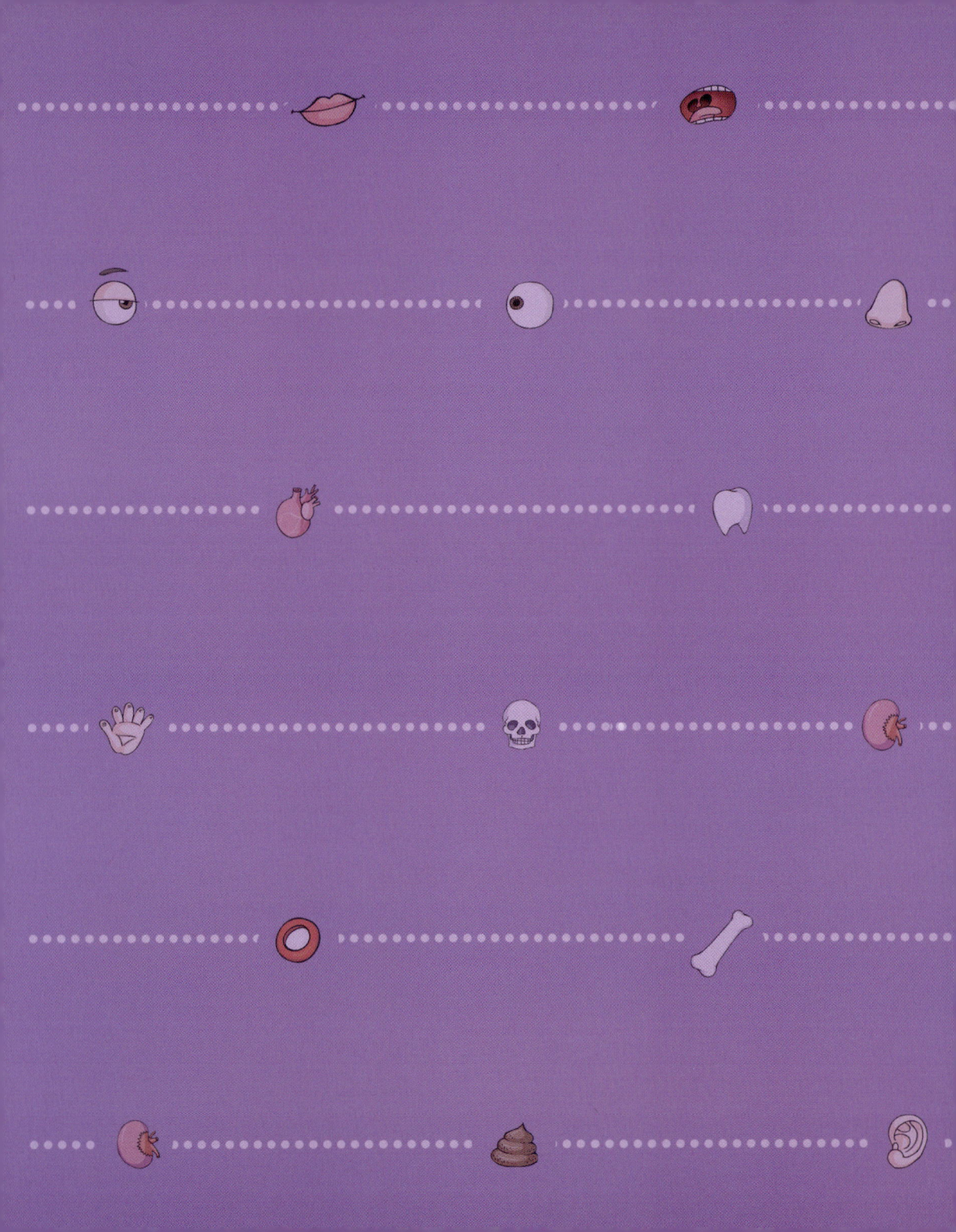

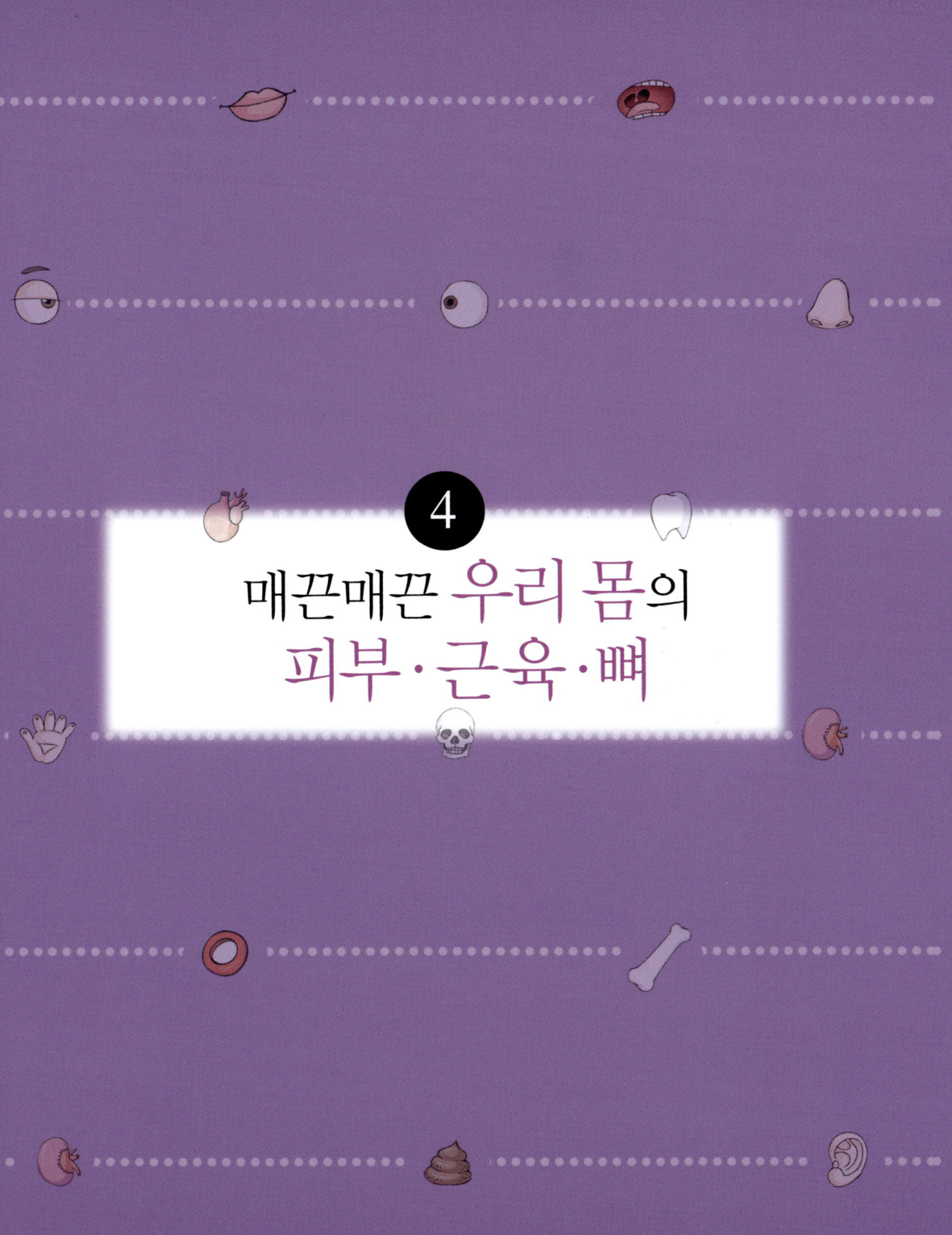

4
매끈매끈 우리 몸의 피부·근육·뼈

사람의 머리카락은 모두 몇 개예요?

사람의 머리카락은 너무너무 많아서 셀 수 없어요.
한 100,000개 정도 될까요?
추운 곳에 사는 사람들은 더운 곳에 사는
사람들보다 더 많대요.
머리가 추울까 봐 머리카락이 더 빽빽이 나거든요.

피부
근육

머리카락은 하루에도 수 십 개씩 빠져요. 하지만 대머리가 될까 봐 걱정하진 마세요. 머리카락이 빠져도, 머릿속 피부에 **털주머니**가 남아 있어 빠진 자리에 다시 나니까요.

할머니는 머리가 왜 하얘요?

머리가 까만 것은 머리카락 속에
멜라닌이라는 까만 물감이 들어 있어서예요.
그런데 늙으면 몸에 힘이 빠져
영양분이 머리카락 끝까지 잘 전해지지 않아요.
그래서 머리카락 속에 멜라닌 물감이 안 생기죠.
멜라닌이 부족하면 머리카락은 하얗게 변하고요.

피부
근육

젊은데도 흰머리가 나는 사람은
부모님의 흰머리를 물려받은 사람이에요.
갑자기 큰 충격을 받거나, 아주 많이 아프면
하루만에 머리가 하얘지기도 해요.

고수머리는 왜 생기나요?

머리카락에는 곱슬곱슬 고수머리와
쭉쭉 뻗은 생머리가 있어요.
생머리의 머리카락을 잘라보면 동그래요.
고수머리는 납작하고요.
납작하면 납작할수록 더 많이 꼬불꼬불해요.

머리카락이 동그랗거나 납작한 이유는 머리털 뿌리를 감싸는 **털주머니**의 모양 때문이에요. 생머리는 동그란 털주머니에서, 곱슬머리는 납작한 털주머니에서 나온답니다.

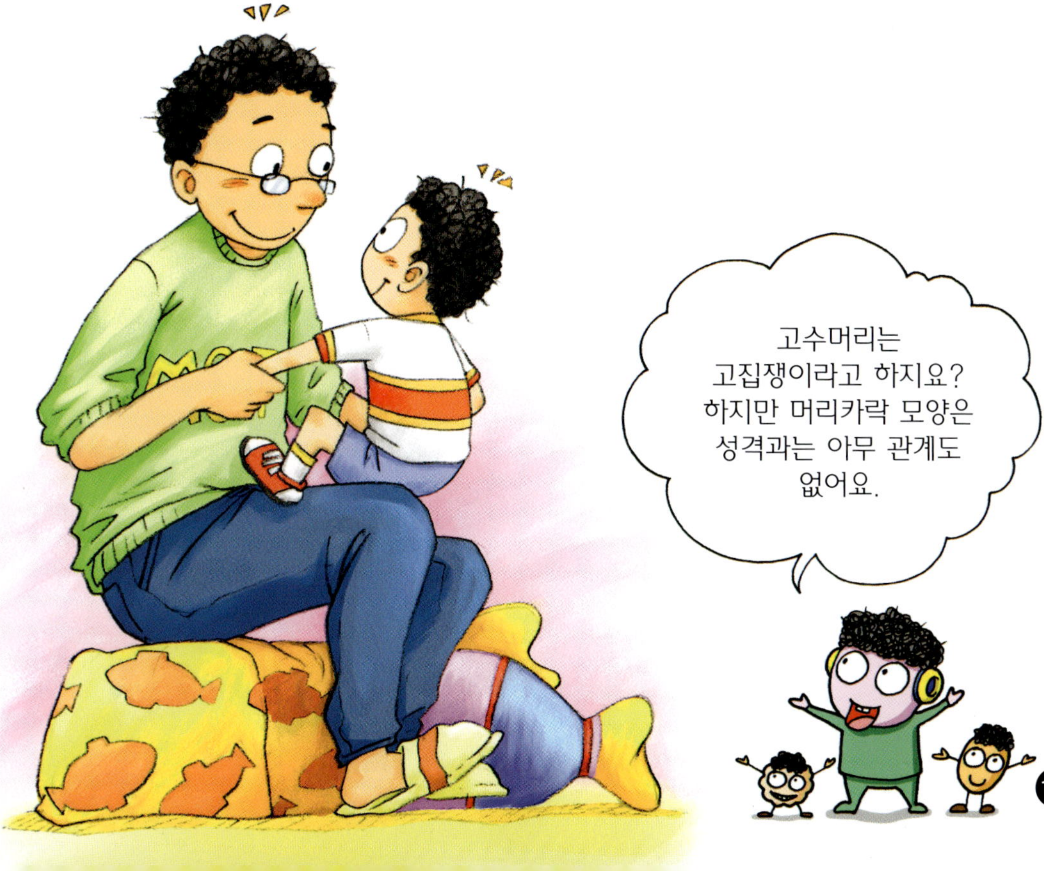

고수머리는 고집쟁이라고 하지요? 하지만 머리카락 모양은 성격과는 아무 관계도 없어요.

대머리는 왜 생겨요?

할아버지들 중에는 대머리가 많아요.
원래 머리카락은 빠지면 다시 나는데,
늙으면 머리카락도 힘이 없어서 빠져도
잘 안 나요. 그래서 대머리가 되는 거예요.
그런데 젊은 아저씨들 중에도 대머리가 있지요?
할아버지나 아빠가 대머리인 사람들이에요.

대머리는 닮는 성질이 있어서,
아빠가 대머리면 아들도 대머리인 경우가 많답니다.
하지만 딸은 아빠의 대머리를 잘 안 닮는대요.
그래서 대머리는 여자보다 남자가 더 많아요.

왜 남자만 수염이 나요?

어렸을 때는 남자, 여자 모두
입가에 가는 **솜털**이 있어요.
그런데 어른이 되면 남자의 솜털만
굵고 까만 **수염**으로 변하지요.
수염은 남자아이가 어른 남자가 되었다는 뜻이에요.

피부 근육

Tip
우리 몸속에는 호르몬이라는 물이 흘러요. 이 호르몬은 여러 종류가 있는데 어떤 것은 우리를 어른으로 만들어 주고, 어떤 것은 소화를 돕기도 하고, 어떤 것은 기분을 좋게 만들어 주기도 해요.

열 살쯤 되면 우리 몸속에서
남자는 더 남자답게, 여자는 더 여자답게
만드는 물이 나와요. 남자답게 만드는 물이
남자아이의 솜털을 수염으로 바꿔 주지요.
이 물이 나오면 진짜 어른이 되기 시작한 거예요.

늙으면 왜 주름이 생겨요?

피부
근육

> 얼굴 표정이 나이가 들면 그대로 주름이 돼요. 어른이 될 때까지 많이 웃으면 눈가, 입가 주름이 예쁘게 지고, 자꾸 찡그리면 주름이 밉게 진답니다.
> **Tip**

할머니, 할아버지 얼굴은 쭈글쭈글해요.
피부 속에 든 물기가 다 빠져서 그래요.
우리 피부 속에는 아주아주 작은
물주머니가 많이 들어 있는데,
어릴 적에는 이 물주머니 속에 물이 가득 차 있어
피부가 촉촉하고 탱글탱글해요.

하지만 나이를 먹으면 물주머니에서
물이 점점 빠져나가 푸석해지고 주름도 생긴답니다.
햇빛을 많이 쬐면 물주머니가
더 빨리 말라서 주름이
더 많이 생기지요.

피부 근육

추울 때는 왜 덜덜 떨려요?

추우면 우리 몸의 온도가 뚝 떨어져요.
손도, 발도, 얼굴도 아주 차가워지지요.
그러면 뇌에서 몸을 따뜻하게 하라고 명령을 내려요.
몸이 차가워지면 병에 걸릴 수 있으니까요.
"근육아, 어서 움직여. 빨리빨리 움직여서 열을 내."

근육은 뇌의 명령에 따라 가슴부터 다리, 온몸 전체를 덜덜덜 떨게 해요.
추우면 추울수록 열을 더 많이 내려고 근육이 더 빨리 움직여요.
그래서 우리 몸이 더욱 더 떨리는 거예요.

부끄러우면 왜 얼굴이 빨개져요?

우리 얼굴 피부 바로 밑에는
가느다란 **실핏줄**이 촘촘히 퍼져 있어요.
보통 땐 실핏줄이 피부에 가려져
얼굴이 살구색으로 보여요.

피부
근육

그런데 부끄러운 일을 겪으면, **심장이 쿵쿵쿵쿵** 빨리 뛰면서 핏줄로 피를 아주아주 많이 내보내요. 그러면 얼굴의 실핏줄에도 피가 많이많이 흘러 빨갛게 보이는 거예요. 매운 음식을 먹거나 더울 때도 핏줄이 늘어나 얼굴이 빨개져요.

고추처럼 매운 음식을 먹으면 얼굴색이 빨간 고추처럼 변해요.

피부 근육

더우면 왜 땀이 날까요?

날씨가 더울 때 세수를 하면 시원해지죠? 피부에 묻은 물이 마르면서 우리 몸의 열을 빼앗아 가서 그런 거예요. 그런데 세수나 목욕을 하지 않아도 땀을 흘리면 조금 시원해져요.

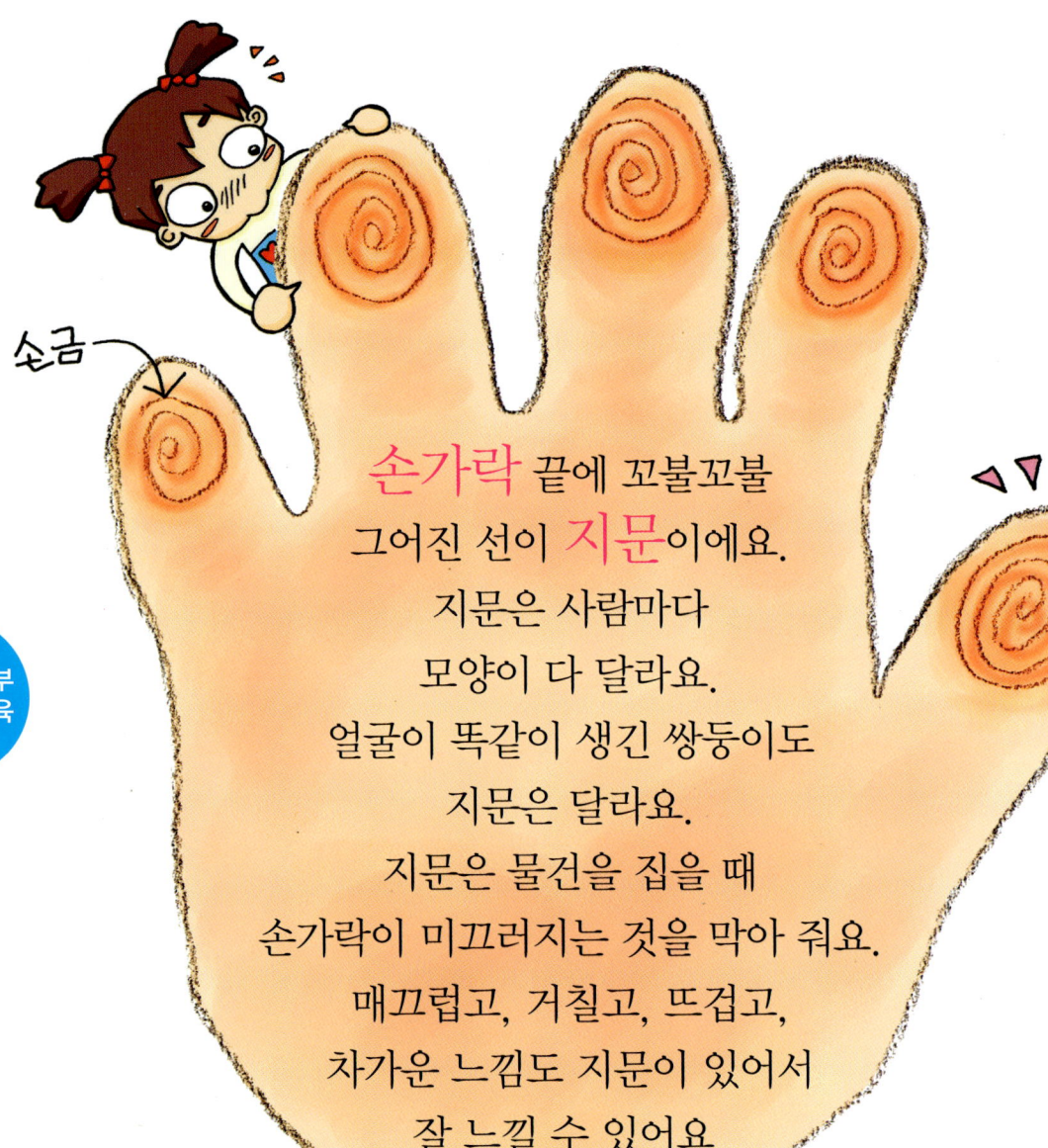

지문은 왜 있어요?

손금

손가락 끝에 꼬불꼬불 그어진 선이 지문이에요.
지문은 사람마다 모양이 다 달라요.
얼굴이 똑같이 생긴 쌍둥이도 지문은 달라요.
지문은 물건을 집을 때 손가락이 미끄러지는 것을 막아 줘요.
매끄럽고, 거칠고, 뜨겁고, 차가운 느낌도 지문이 있어서 잘 느낄 수 있어요.

피부 근육

발가락에도 **지문** 같은 무늬가 있어요. 옛날에는 발가락으로 물건을 집기도 하고, 나무에 오르기도 해서 미끄러지지 말라고 발가락에도 무늬가 생긴 거예요.

Tip
사람마다 지문의 모양이 다 달라요. 과학자들은 지문만 보고도 같은 사람인지 다른 사람인지 알 수 있대요.

손톱과 발톱은 왜 있어요?

동물들한테 **발톱**은 정말 중요해요.
발톱으로 쿡쿡 찍어서 나무에 올라가고,
적을 만나면 발톱을 바짝 세워 공격도 해요.

피부
근육

아주 옛날 옛날에는 사람들한테도
손톱, 발톱이 중요했어요.
사람도 손톱으로 나무를 긁고, 할퀴고,
이를 쑤셨으니까요.

지금은 <u>손톱,</u> 발톱을
많이 쓰지 않아요.

그래도 손톱과 발톱은
손가락 발가락 끝을 <u>보호</u>해 주고,
손 끝으로 물건을 잡거나 누를 때,
가려운 곳을 긁을 때 편리하게 쓰인답니다.

> 손톱 색깔은 밝은 분홍색이지만 밑에 초승달 모양의 하얀 부분이 있어요. 우리 눈에는 안 보이지만 하얀 초승달은 손톱 안쪽으로 크게 자리하고 있어요. 여기서부터 손톱이 점점 자라나는 거예요.
>
> **Tip**

손톱은 왜 잘라도 계속 자라나요?

손가락 끝의 살 속에는 **손톱 뿌리**가 있어요.
흙 속에 뿌리내린 나무가 계속 자라듯
손톱도 뿌리에서 자라납니다.
손톱은 밤보다 낮에, 겨울보다
여름에 더 잘 자라요.

피부 근육

길게 자란 손톱은 깨끗이 잘라야 해요.
손톱이 길면 손톱 밑에 때가 끼어
우글우글 세균이 살거든요.
그래서 손가락으로 코를 후비면 안 돼요.
손톱 밑에 사는 세균이 코로 들어가니까요.

외국 사람은 왜 피부 색깔이 달라요?

외국 사람 중에는 피부가 까만 사람도 있고,
흰 사람도 있어요. 피부 속에 든 **멜라닌**이라는
물감 때문에 이렇게 색깔이 달라지는 거예요.
피부가 까만 사람은 피부 속에
멜라닌 물감이 아주 많고, 흰 사람은 거의 없어요.
우리는 중간쯤 되고요.

피부
근육

까만 피부의 사람들은
더운 나라에 많이 살고,

흰 피부의 사람들은
추운 나라에 많이 살아요.

더운 나라에 사는 까만 사람들은 강한 햇빛으로부터 피부를 보호하기 위해 피부 속에 멜라닌이 많이 생겼지요.

햇빛을 오래 쬐면 피부가 왜 까매져요?

피부
근육

우리 피부 속에는
멜라닌이라는
검은색 물감이
숨어 있어요.
햇빛을 오래 쬐면
멜라닌이 피부
바깥쪽으로 올라와
피부가 까매져요.

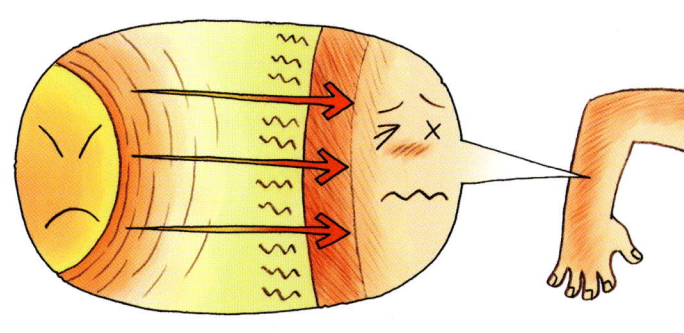

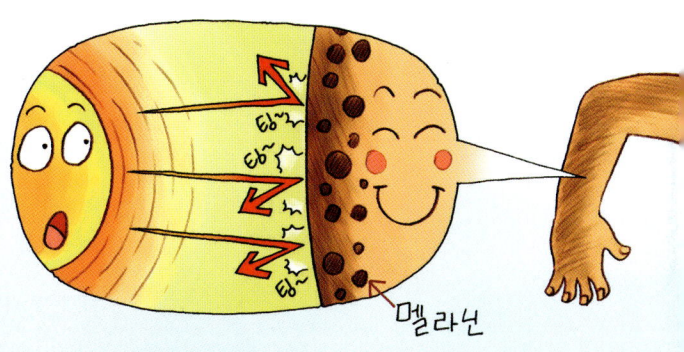

이렇게 검어진 피부는 강한 햇빛 아래서도 끄덕없어요.
검은색은 햇빛을 반사시켜 피부를 보호하거든요.
하지만 햇빛을 너무너무 오래 쬐면,
멜라닌도 더 이상 피부를 지켜 줄 수 없어요.
그래서 피부가 빨갛게 익고,
얇은 껍질이 벗겨진답니다.

목욕을 하면 왜 손이 쪼글쪼글해져요?

우리 피부는 얇은 **기름막**으로 덮여 있어요.
기름막은 피부를 보호해 주지요.

피부
근육

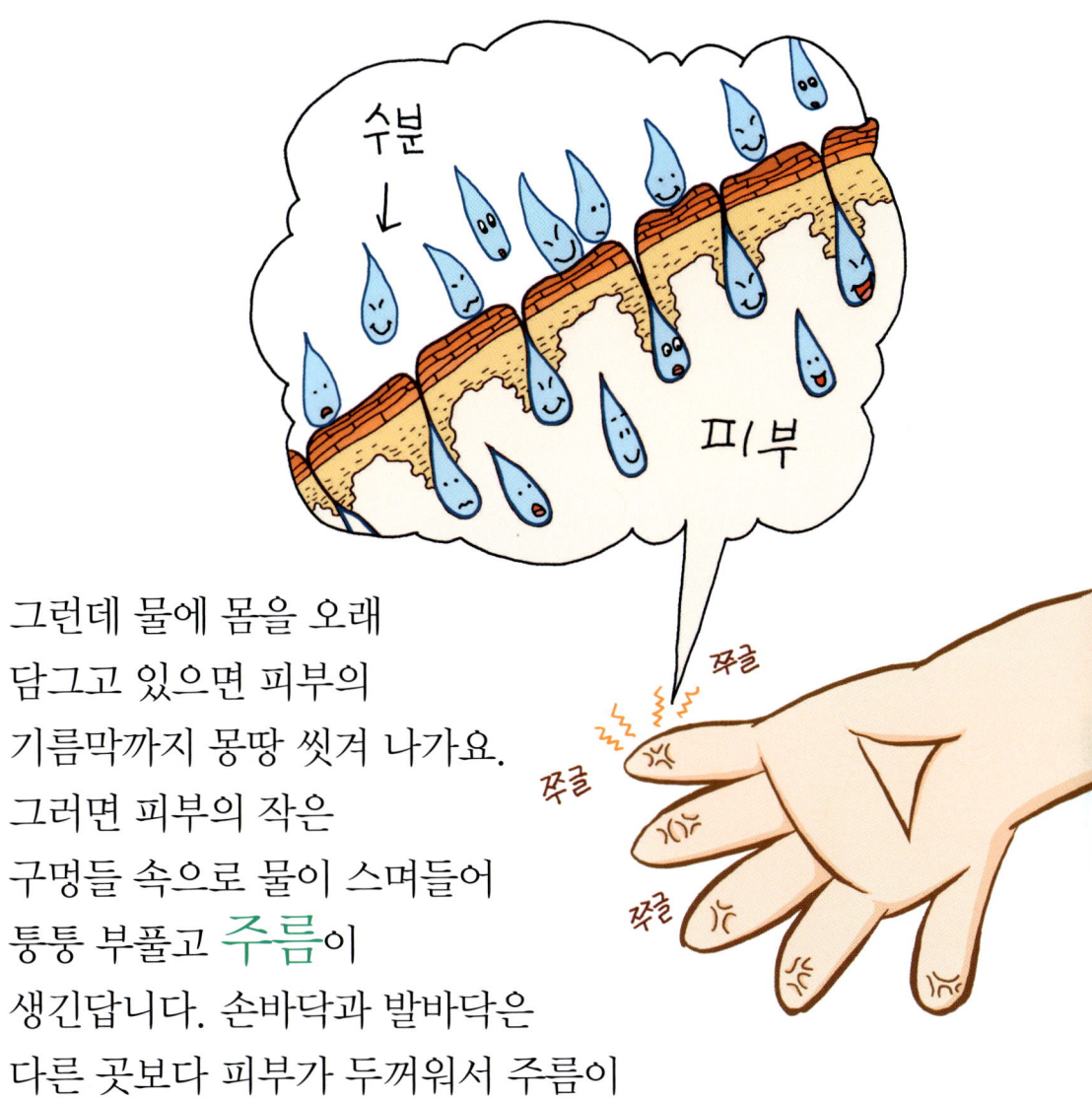

그런데 물에 몸을 오래
담그고 있으면 피부의
기름막까지 몽땅 씻겨 나가요.
그러면 피부의 작은
구멍들 속으로 물이 스며들어
통통 부풀고 주름이
생긴답니다. 손바닥과 발바닥은
다른 곳보다 피부가 두꺼워서 주름이
더 크고 두껍게, 쪼글쪼글 잡혀요.
하지만 물이 마르면 주름이 팽팽하게 퍼진답니다.

아토피는 왜 생기나요?

아토피는 먼지나 꽃가루,
곰팡이 같은 것이 몸에 들어왔을 때
우리 몸이 깜짝 놀라 생기는 거예요.
몸이 튼튼하면 뭐가 들어와도 끄떡 없지만,
몸이 약하면 피부가 무척 가렵고 긁으면 벌개져요.
기침이나 콧물이 나기도 해요.
아토피가 생기지 않으려면
초콜릿, 콜라, 피자, 햄버거 같은 음식보다
채소와 과일을 많이 먹고,
공기 좋은 곳에서
살아야 해요.

> 너같은 먼지, 곰팡이, 꽃가루가 원인이야.

> 인스턴트 음식 말고 채소와 과일을 골고루 먹어요.

피부 근육

간지럼은 왜 탈까요?

우리 몸에는 느낌을 알아채는 가는 **신경**이
구석구석 퍼져 있어요. 간질간질 피부를
간질이면, 피부의 신경이 움찔거리며
간지럼을 타지요. 특히 발바닥이랑
겨드랑이는 간지럼을 아주 많이 타요.
이곳에는 신경이 더 많이 퍼져 있어서 그래요.

간지럼은 자기가 태우면 하나도 안 간지러워요.
그런데 다른 사람이 간지럼을 태우면
어떻게 간지럼을 태울지, 언제 끝낼지 몰라
불안한 마음이 들어서 더 간지러운 거예요.

모기한테 물리면 왜 가려워요?

모기는 빨대처럼 뾰족한 주둥이를
사람과 동물의 살갗에 찔러 피를 빨아요.
그런데 모기는 피를 빨기 전에
우리 살 속에 제 침을 먼저 흘려 넣어요.

우리 피는 몸 밖으로 나오면 바로 굳는데,
모기 침이 피가 굳는 것을 막아 주거든요.
모기는 제가 피를 빠는 동안 피가 굳어
주둥이가 막힐까 봐, 침을 집어넣는 거랍니다.
이 모기 침이 우리 피부를 가렵고 부어 오르게
만들어요.

모기는 사람 숨에서 나는 냄새, 몸에서 나는 냄새, 몸의 온도를 금방 알아채요. 그래서 잘 안 씻어 냄새가 나는 사람, 체온이 높은 사람, 향수 냄새가 나는 사람을 골라 문답니다. **Tip**

←모기

좋아~

쏘옥

피부↙

↑혈관

우리 몸에는 뼈가 몇 개나 있어요?

어른들의 몸에는 뼈가 200개 정도 있어요.
어린이는 그보다 많고, 갓난아기는 훨씬 더 많아요.
우리 몸에는 물렁물렁한 작은 뼈들이 많아요.
이 뼈들이 점점 붙고 단단해져서 어른처럼
굵고 튼튼한 뼈가 되는 거예요. 자잘한 뼈들이 붙어서
뼈의 개수는 줄어들고요. 이렇게
튼튼해진 뼈는 우리 몸을
잘 지탱하고
힘차게 움직이게
해 주지요.

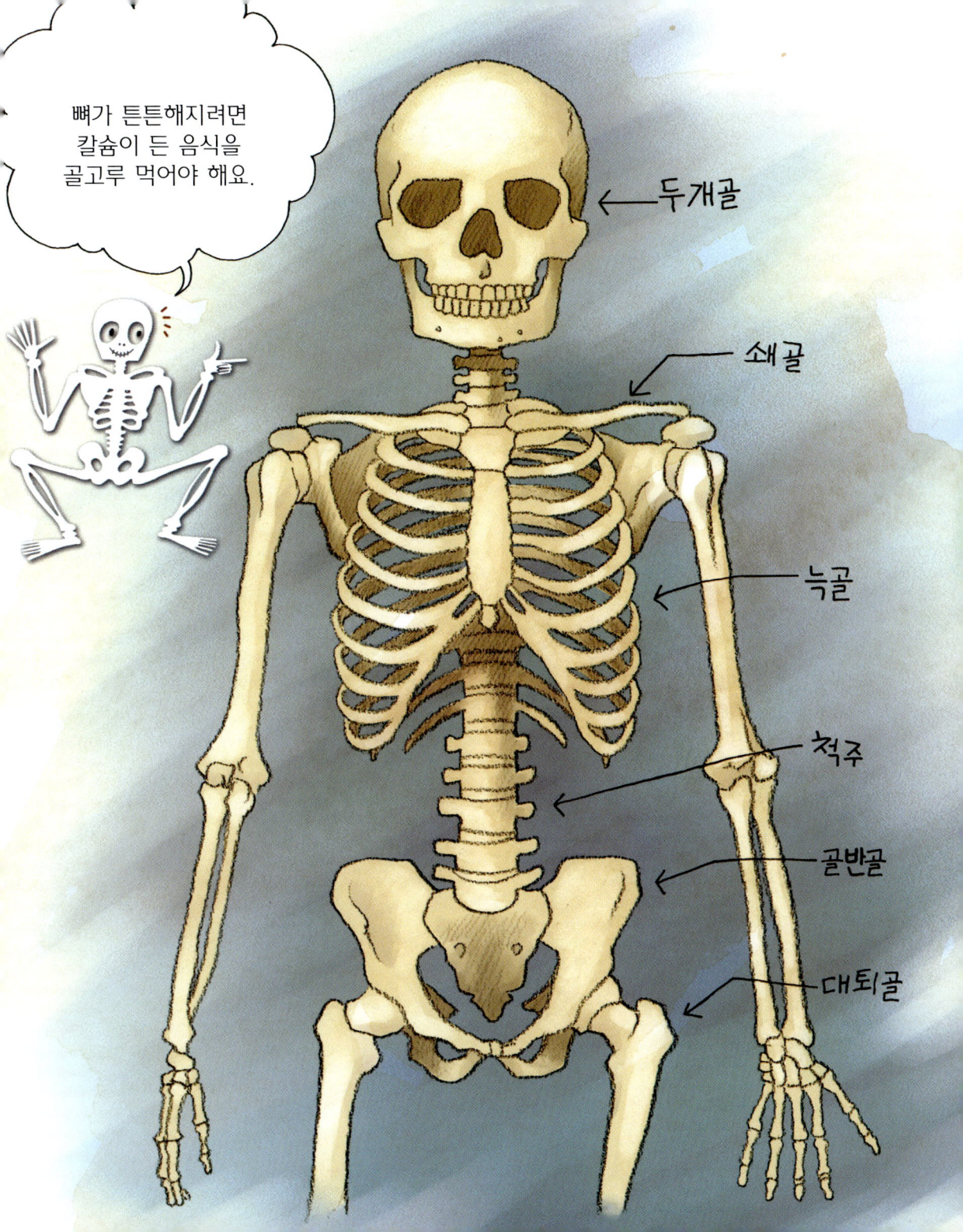

팔꿈치와 무릎은 왜 볼록해요?

이 볼록한 곳을 관절이라고 해요.
관절은 뼈가 움직일 수 있게 이어주는 곳이에요.
우리 뼈는 곧고 단단해서 저 혼자는 움직일 수 없어요.
하지만 관절을 중심으로 두 개가 맞닿으면
폈다 구부렸다 움직일 수 있지요.
관절 속에는 미끌미끌한 물이 들어 있어서
뼈가 움직여도 하나도 아프지 않아요.

왜 여긴 동그랗게 볼록 튀어나왔을까?

Tip
뼈는 무척 튼튼하지만 부러질 수도 있어요. 하지만 부러진 뼈 위로 곧 새 뼈가 자라나니 걱정할 것 없어요. 두세 달이 지나면 부러진 자리가 감쪽같이 붙는답니다.

뼈

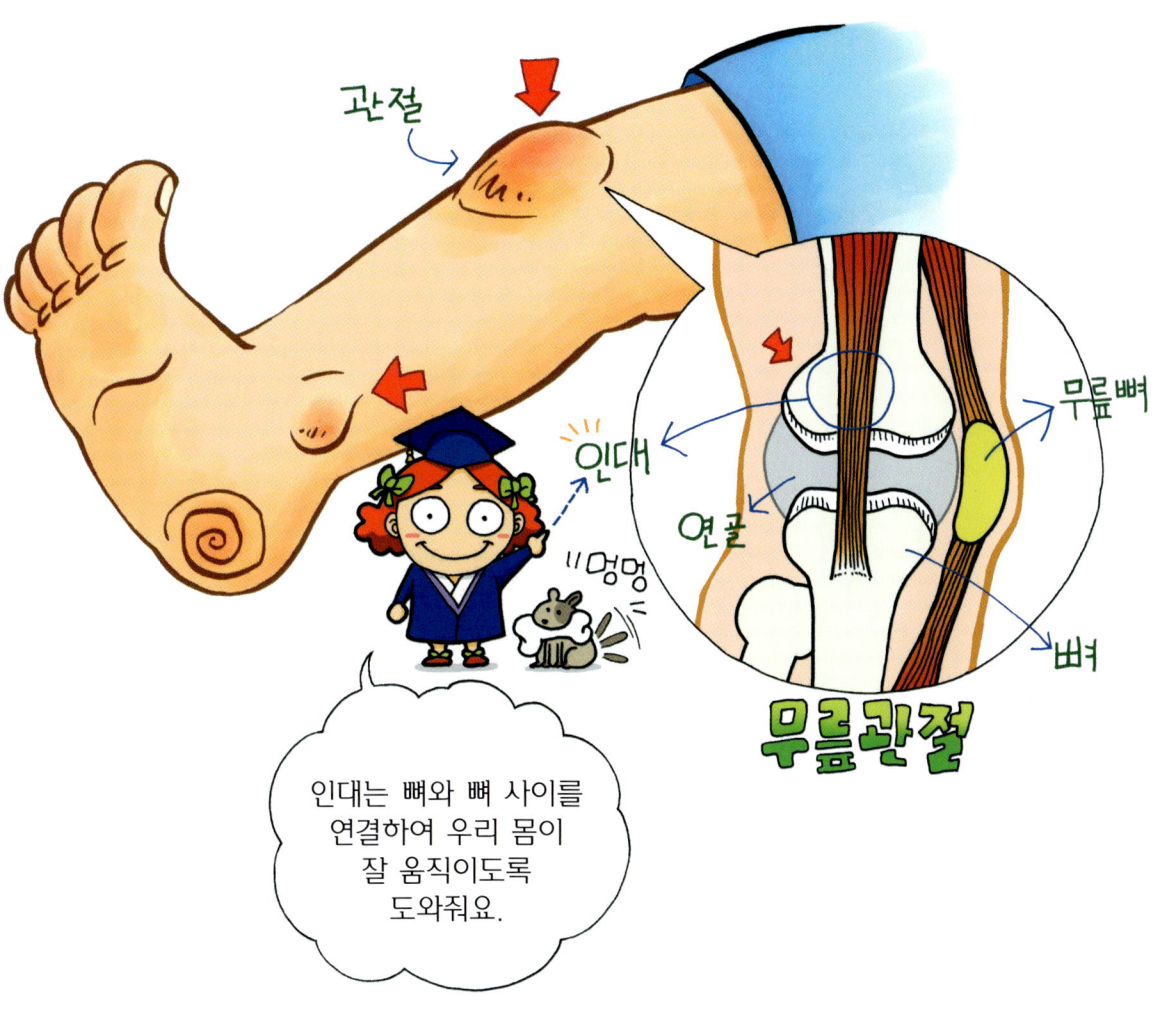

또 고무줄처럼 늘어나는 끈인 <u>인대</u>가
두 뼈 사이를 꼭 붙들고 있어 뼈가 이리저리
달아나지 못하고 튼튼하게 붙어 있답니다.

이는 왜 빠지나요?

우리 몸은 쑥쑥 자라요. 키도 커지고, 발도 커지고, 입도 커져요. 하지만 딱 하나, 이는 자라지 않아요. 대신 아기 때 난 작은 이가 빠지고 새 이가 돋아나지요. 커진 몸에 맞는 크고 단단한 이가요.

으앙~ 어떡해! 이가 빠졌어요. 설마 이가 안 나는 건 아니겠죠?

아기 때 처음 난 이를 젖니 혹은 유치라고 해요.

뼈

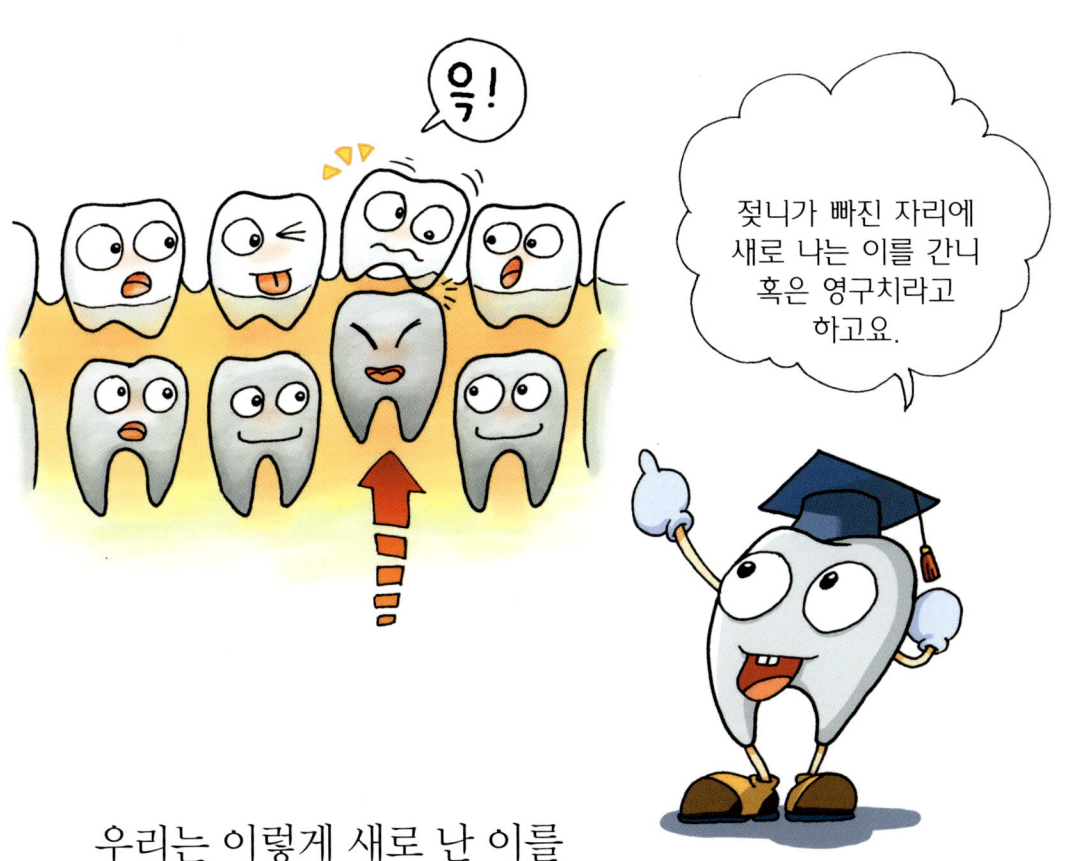

우리는 이렇게 새로 난 이를
어른이 되고 할머니가 될 때까지 쭉 쓰게 돼요.
그런데 새로 난 이가 빠지면 어떻게 될까요?
더 이상은 이가 나지 않아요.
때문에 이를 소중히 관리해야 해요.

> **Tip**
> 이닦기 333법칙, 잘 알고 있지요?
> 하루 세 번, 밥 먹고 3분 안에, 3분 동안 치카치카.

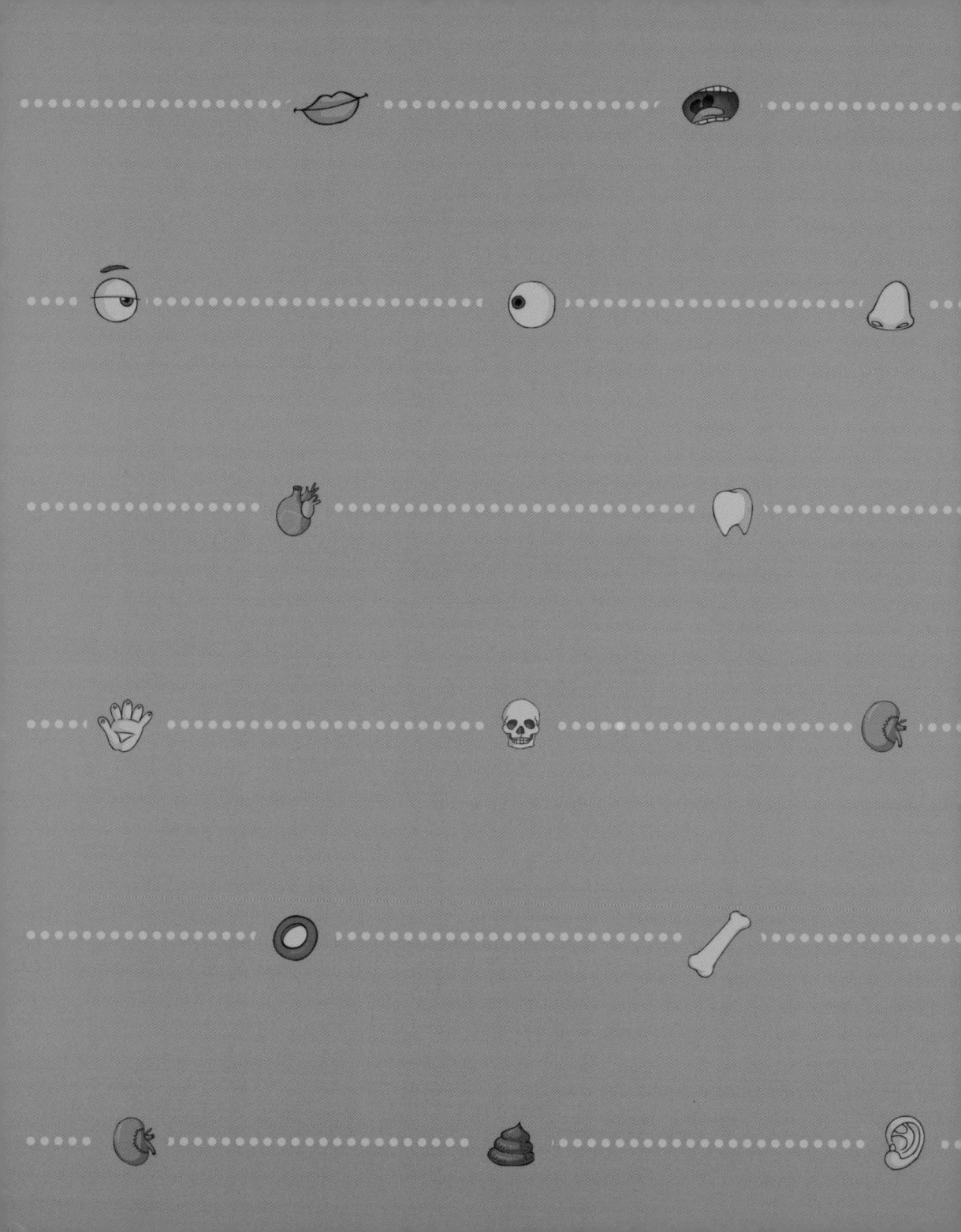

5 알쏭달쏭 우리 몸의 이모저모

아빠는 자면서 왜 코를 골아요?

코와 입으로 마신 공기는
목구멍을 지나 몸속으로 들어가요.
보통 때는 공기가 목구멍을 조용히 지나가요.
하지만 잠을 잘 때는 목구멍이 좁아져서
공기가 목구멍으로 들어가기 힘들어요.

기타

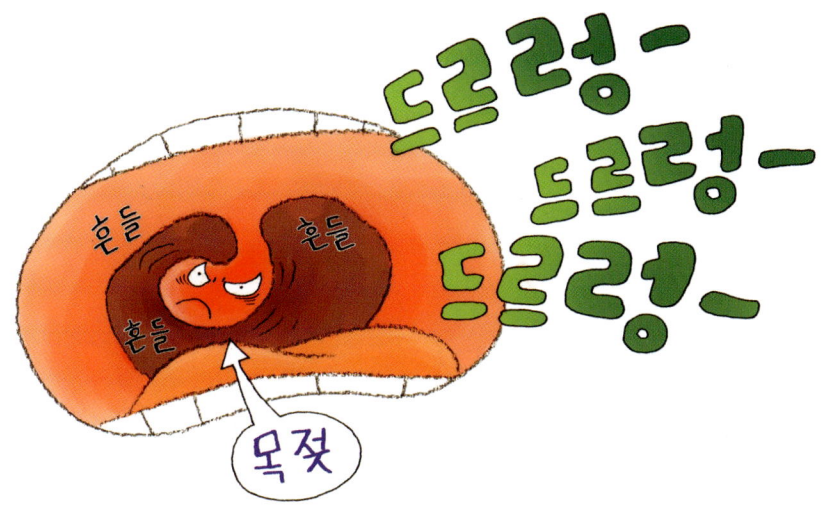

특히 피곤한 날은 목구멍이 더욱 더 좁아져요.
목젖이 축 늘어져 목구멍을 가리거든요.
그러면 공기가 좁은 목구멍으로 들어가느라
목젖을 요란하게 흔들어대요.
이때 드르릉 드르릉 <u>코고는 소리</u>가 나는 거예요.

이렇게 옆으로 누워 자면 목구멍이 좁아지지 않아 코를 골지 않아요.

발 냄새는 왜 날까요?

발바닥에는 땀샘이 아주 많아요.
걸을 때, 깜짝 놀랄 때, 무서울 때
발바닥에 송글송글 땀이 맺혀요.
답답한 신발 속에서는 땀이 더 많이 나요.
그래서 하루 종일 신을 신고 일을 하는
아빠 발은 늘 땀에 젖어 있어요.
이 땀이 신발 속에서 빨리 마르지 못하고,
세균들의 공격을 받으면 고약한 냄새가 나지요.
발 냄새는 엄청 강해서 양말과 신발을 뚫고 나가
고약한 냄새를 여기저기 풍긴답니다.

부채를 부치면 왜 시원해요?

부채는 공기를 이리저리 움직여
바람을 불게 해 줘요.
바람은 피부의 열을 공기 속으로 날려 보내
우리 몸을 시원하게 해 주지요.
부채 바람도 피부에 난 땀을
공기 속으로 날려 보내요. 이때 땀과 함께
피부의 열도 공기 속으로 날아가기 때문에
시원한 느낌이 드는 거예요.

기타

Tip
사람이 하룻동안 흘리는 땀을 모두 모아 보면 음료수 캔으로 두세 개나 된대요. 물론 운동을 하거나 더운 날은 더 많이 흘리겠죠!

그런데 부채질을 너무 열심히 하면, 몸을 많이 움직이게 돼서 몸에서 열이 많이 나요. 그러면 부채를 안 부칠 때보다 더 더워지겠죠?

미끄럼을 많이 타면 왜 엉덩이가 뜨거워지죠?

두 손을 비비면 뜨뜻해지죠? 손과 손이 부딪히면서 열이 나기 때문이에요. 미끄럼을 탈 때도 마찬가지예요. **엉덩이**가 미끄럼틀에서 아주 빨리 내려가면서 미끄럼틀과 엉덩이 사이에 열이 생겨요. 그래서 엉덩이가 막 뜨거워지고, 바지 엉덩이 부분에 구멍이 나기도 해요. 바지가 미끄러지면서 생긴 **열과 힘**이 바지 엉덩이 부분에 구멍을 뚫기 때문이지요.

아잉, 뜨거워!

꿀밤을 맞으면 머리가 나빠지나요?

머릿속에는 우리 몸의 대장인 **뇌**가 들어 있어요.
그래서 아주 세게 맞거나 쿵 부딪히면
뇌가 다쳐서 머리가 나빠질 수 있지요.
생각을 잘 못하고, 공부를 잘 못하는 정도가 아니라
몸을 움직이지도 못 하고, 말을 못 할 정도로
다칠 수도 있어요. 하지만 꿀밤을 맞는 정도로
뇌가 아프지는 않아요.
뇌는 **단단한 머리뼈** 속에 들어 있어서
웬만한 충격에도 잘 견디거든요. 그러니
머리를 부딪혀 작은 **혹**이 나도 걱정할 필요 없어요.

기타

사람이 어떻게 물에 떠요?

풍선에 바람을 불어넣은 다음
물에 띄우면 둥둥 가볍게 떠요.
물속에 가만히 있으면 우리 몸도 물에 떠요.
우리 몸이 물보다 가볍기 때문이죠.
특히 우리가 숨을 들이마시면 물에 더 잘 떠요.

공기를 마시면, 풍선에 바람이 들어간 것처럼
사람이 숨을 들이마셔도 더 가벼워지기 때문이죠.
하지만 사람은 오리처럼 자유롭게 떠다닐 수는 없어요.
가만히 누운 채로 겨우 얼굴만 물 위로
나오는 정도지요.

원숭이가 사람의 조상이에요?

원숭이는 사람하고 정말 많이 닮았어요.
서서 걸어 다니기도 하고, 손도 잘 쓰고,
머리도 얼마나 좋다고요.
하지만 원숭이는 사람의 조상이 아니에요.
아주 옛날옛날 살았던 우리 조상은
허리가 구부정하고, 털이 많고, 눈두덩이가
툭 튀어나와서 원숭이보다는 침팬지랑 닮았지요.
이런 우리 조상이 오랫동안 살아오면서
털도 빠지고, 허리도 쫙 펴지고, 두뇌도 커져서
지금 사람의 모습으로 변했답니다.

기타

사람은 왜 두 발로 걸어요?

네 발 달린 동물들은 모두 네 발로 기어요.
원숭이는 앞발을 손처럼 쓰기도 하지만
사람처럼 자유롭게 쓰지는 못해요.
아주 옛날 사람의 조상도 원숭이 정도로
앞발을 사용했어요.
그런데 앞발을 손처럼 쓰다 보니
너무너무 편리한 거예요.

기타

그래서 점점 뒷발로만 걷다 보니 지금처럼 **두 발**로 서서 걷게 된 거예요.

남자랑 여자는 어떻게 달라요?

어렸을 때는 남자아이나 여자아이나
비슷하게 생겼어요. 그래서 옷을 입고 있으면
잘 구별이 안 가요.

어? 나랑 다르네.
왜 나한테는
없는 거야!

기타

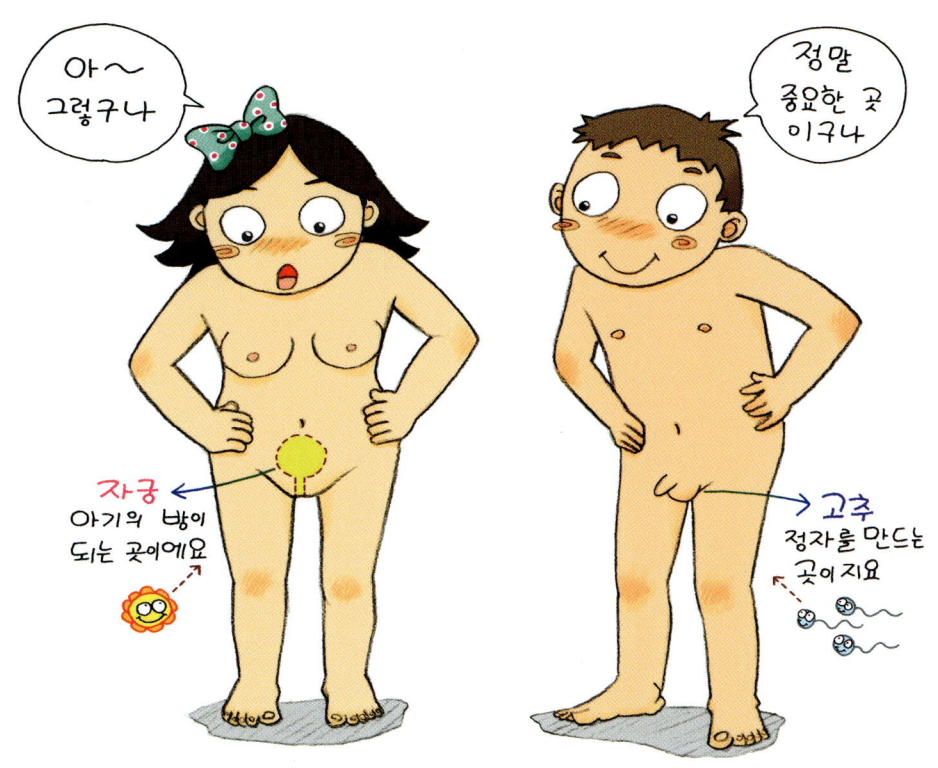

하지만 어른 남자와 어른 여자는 금방 알 수 있어요.
남자는 어깨가 넓고, 수염이 있고, 고추가 있어요.
여자는 가슴이 나오고, 피부가 매끈하고, 엉덩이가 커요.
또 남자의 몸속에는 아기씨가,
여자의 몸속에는 아기씨와 아기집에 들어 있지요.
남자와 여자가 다르게 생긴 까닭은
남자는 아빠가 되고, 여자는 엄마가 되기 때문이에요.

나는 왜 엄마, 아빠를 닮았어요?

세상에는 나와 똑같은 사람이 하나도 없어요.
우리 몸속에는 나만의 독특한 특징이
들어 있기 때문이죠. 엄마, 아빠의 아기씨에도
이런 특징들이 들어 있어요.
그래서 아기가 엄마, 아빠를 닮는 거예요.

음~ 똑같네

기타

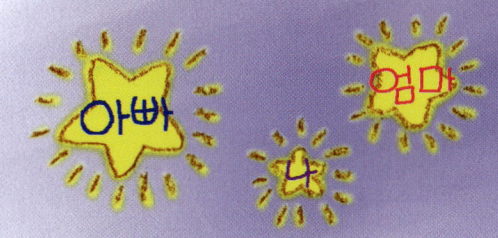

그런데 아기는 엄마, 아빠의 특징을
모두 다 물려받을 수는 없어요.
그중 몇 개씩만 물려받기 때문에
엄마를 닮은 곳도 있고, 아빠를 닮은 곳도 있는 거예요.

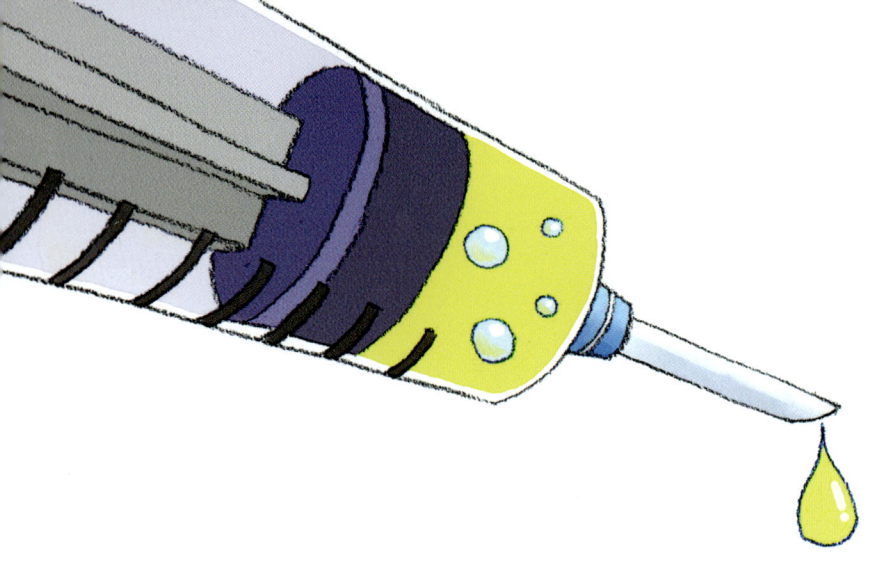

예방 주사를 꼭 맞아야 해요?

우리 주위에는 병을 일으키는 세균이 무척 많아요.
공기 속에, 물속에, 모기한테도 세균이 살고 있어요.
그런데 이런 세균이 몸에 들어와도
병에 안 걸릴 수도 있어요.
우리 몸에 세균을 물리치는
힘이 있다면 말이에요.
예방 주사는 세균을 물리치는
힘을 길러 주는 주사예요.

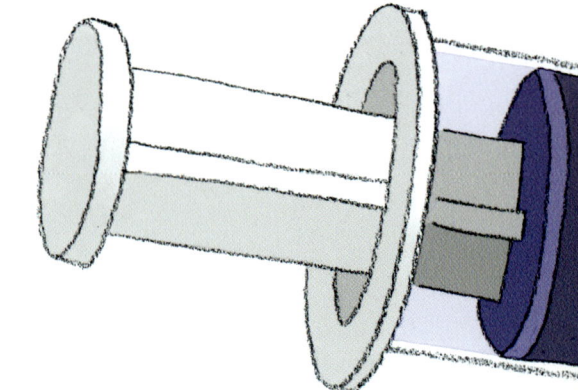

기타

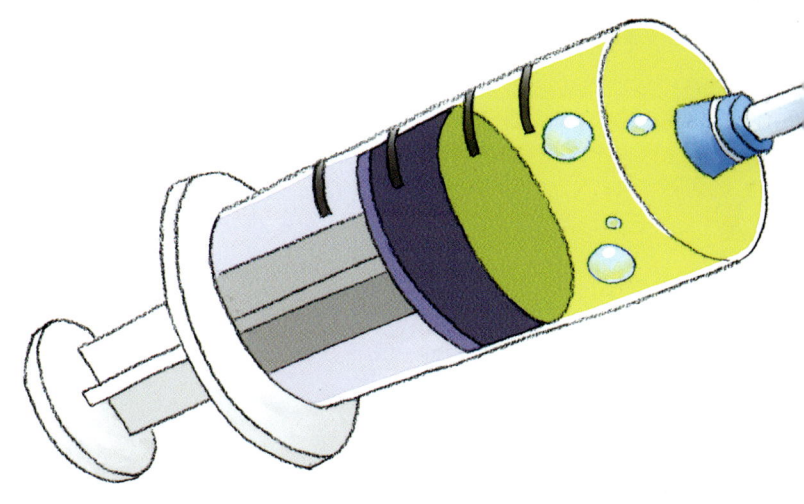

그래서 예방 주사를 맞은 다음에는
그 병에 걸려도 금방 낫는답니다.
어때요? 병에 걸려 아픈 것보다 눈 찔끔 감고
예방 주사 한 방 맞는 게 더 낫겠죠?

왜 손을 자주 씻어야 해요?

우리 주위에는 병을 일으키는 세균이 무척 많아요. 문 손잡이, 전화기, 장난감에도 세균이 살고 있어요. 우리가 이것저것 만질 때마다 거기 사는 세균이 우리 손에 묻어요.

우리는 세균! 더러운 손이 좋아, 좋아.

기타

그 손으로 음식을 먹으면
세균이 입으로 들어오고,
눈을 비비면 세균이 눈으로 들어와
여러 가지 병을 일으켜요.
그래서 우리는 손을 자주 씻어야 해요.
손을 씻을 때는 비누로 거품을 많이 내고
깨끗한 수건으로 잘 닦아야 해요.

약은 왜 먹어야 해요?

세균

병에 걸리면 우리 몸은
스스로 치료를 해요.
핏속의 백혈구가 나서서
세균을 잡아먹는 거예요.

하지만 병이 아주아주 심하면,
백혈구 혼자서는 이길 수 없어요.
이럴 때 **약**을 먹는 거예요.

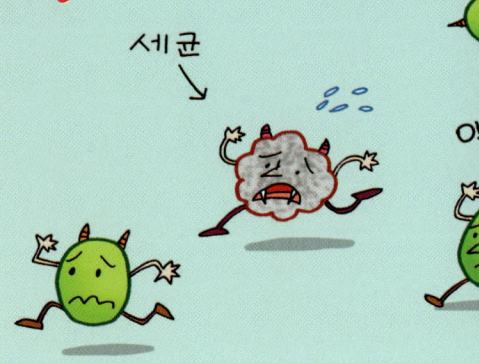

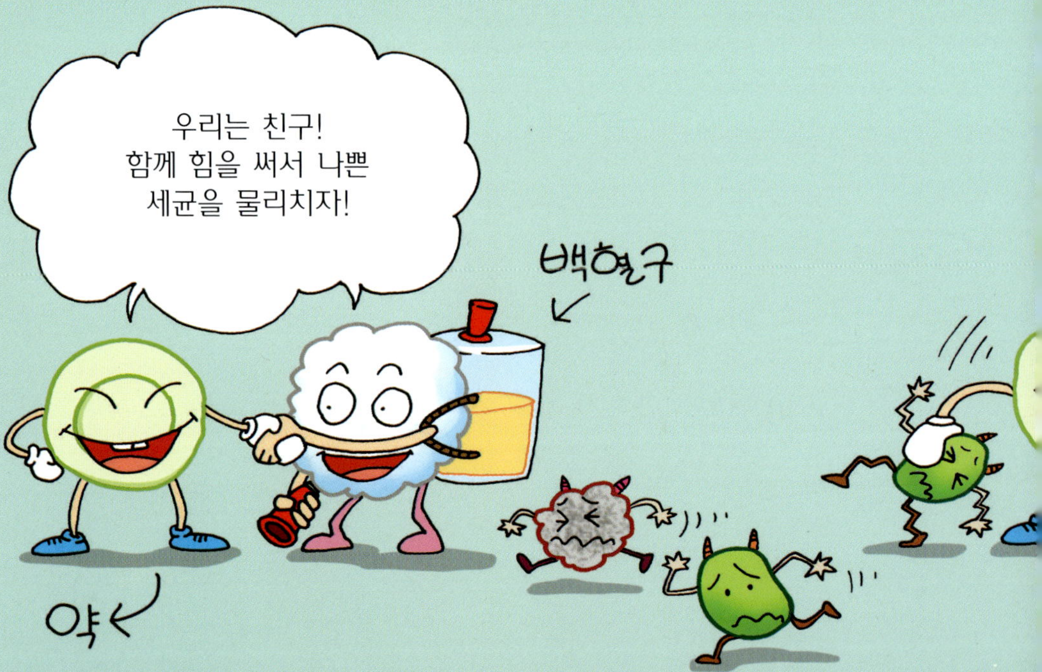
우리는 친구!
함께 힘을 써서 나쁜
세균을 물리치자!
백혈구
약

기타

그러면 약이 백혈구와 함께 세균을 무찌르기도 하고,
병든 곳에 직접 달려가 치료해 주기도 해요.
약은 입으로 먹기도 하고, 상처에 직접
바르기도 하고, 주사로 맞기도 해요.

아기는 어떻게 태어나요?

아빠와 엄마 몸속에는 아기씨가 들어 있어요.
아빠 엄마가 사랑해서 결혼을 하면, 아빠 아기씨와
엄마 아기씨가 만나
아기가 생겨요. 아기가
막 생겼을 때는 콩알보다
작지만, 엄마 배 속에서
어른 팔뚝만큼 커지지요.

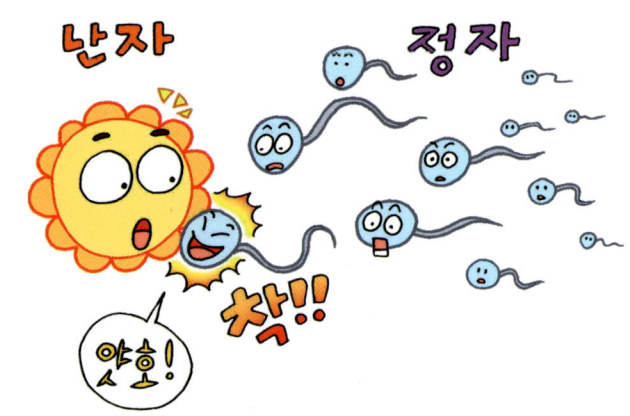

기타

아빠하고 나하고 엄마하고 나하고, 닮은 곳이 많아요. 야호~!

그러면 아기는 엄마 몸속에 난 아기길을 따라 바깥으로 나와요.
"엄마 아빠, 반가워요."
하고 응애응애 울면서요.

Tip
우리가 엄마 아빠를 닮은 이유는 엄마 아빠의 아기씨에서 생겨났기 때문이에요. 아기씨는 아주 작지만 엄마 아빠에 대한 정보가 가득 담겨 있어서 아기에게 물려 준답니다.

쌍둥이는 왜 똑같이 생겼어요?

쌍둥이라고 모두 똑같이 생긴 건 아니에요.
어떤 쌍둥이는 똑같지만,
어떤 쌍둥이는 생김새도 다르고, 성별도 달라요.

쌍둥이가 처음 생길 때,
아빠 아기씨 두 개와 엄마 아기씨 두 개가 만나면
생김새가 다른 쌍둥이가 태어나요. 그런데
아빠 아기씨 하나와 엄마 아기씨 하나가 만나
쌍둥이를 만들면 둘이 똑같이 생겼지요.

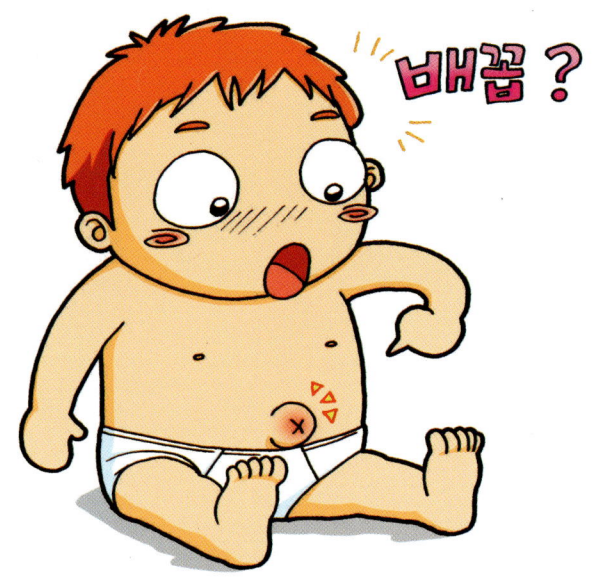

배꼽은 왜 있는 걸까요?

배꼽은 아기가 엄마 배 속에 있었다는 표시예요.
아기는 엄마 배 속에 있을 때,
배에 난 가는 줄로 엄마랑 이어져 있어요.
이 줄을 **탯줄**이라고 해요.
탯줄을 통해 아기는 엄마한테서 영양분과 산소를 받고,
제 몸에서 나온 찌꺼기를 내보내지요.
그런데 아기가 태어나면 탯줄이 더 이상 필요 없어요.
이제는 아기 스스로 젖을 먹고 똥을 쌀 테니까요.

기타

배꼽은 아기를 낳는 동물에게만 있어요. 사람, 강아지, 호랑이, 고래는 배꼽이 있어요. 하지만 알에서 태어나는 닭, 물고기, 개구리는 배꼽이 없어요. **Tip**

그래서 탯줄을 잘라 배에 묶어 놓는데, 이 탯줄 자국이 바로 **배꼽**이에요.

탯줄

어린이 과학백과 시리즈
초등 교과 연계표

책 명	학년-학기	교 과	단 원
인체백과	6-2	과학	4. 우리 몸의 구조와 기능
곤충백과	3-1	과학	3. 동물의 한살이
	5-1	과학	5. 다양한 생물과 우리 생활
로봇백과	3-1	국어	2. 문단의 짜임
	3-1	과학	2. 물질의 생성
동물백과	3-1	과학	3. 동물의 한살이
	3-2	과학	2. 동물의 생활
	5-1	과학	5. 다양한 생물과 우리 생활
호기심백과	3-1	과학	5. 지구의 모습
	5-2	과학	1. 날씨와 우리 생활
바다해저백과	3-1	과학	5. 지구의 모습
	3-2	과학	2. 동물의 생활
공룡백과	3-2	과학	2. 동물의 생활
	4-1	과학	2. 지층과 화석
전통과학백과	3-1	과학	2. 물질의 생성
	3-2	사회	2. 시대마다 다른 삶의 모습
우주백과	3-1	과학	5. 지구의 모습
	5-1	과학	3. 태양계와 별
장수풍뎅이 사슴벌레백과	3-1	과학	3. 동물의 한살이
파충류백과	3-1	과학	3. 동물의 한살이
	3-2	과학	2. 동물의 생활
	5-1	과학	5. 다양한 생물과 우리 생활
벌레잡이·희귀 식물백과	4-1	과학	3. 식물의 한살이
	4-2	과학	1. 식물의 생활
세계 최고·최초백과	3-1	과학	5. 지구의 모습
	5-1	과학	3. 태양계와 별
	6-2	사회	3. 세계 여러 지역의 자연과 문화
발명백과	3-1	과학	2. 물질의 생성
	4-2	과학	3. 그림자와 거울
드론백과	3-1	과학	2. 물질의 생성
	5-2	과학	3. 물체의 빠르기
인공지능백과	4-1	과학	1. 과학자처럼 탐구해 볼까요?
	5	실과	6. 생활과 정보
	6	실과	3. 생활과 전기 전자
			4. 나의 진로
공상 과학 곤충 도감	3-1	과학	3. 동물의 한살이
	3-2	과학	4. 나의 진로